U0498854

新时代"三农"问题研究书系

国家社会科学基金项目(19BTJ061)
长沙人工智能社会实验室资助出版

中国农村绿色发展的
多维测度与长效驱动研究

周　纳　欧阳胜银 ○ 著

西南财经大学出版社
Southwestern University of Finance & Economics Press
中国·成都

图书在版编目(CIP)数据

中国农村绿色发展的多维测度与长效驱动研究/周纳,欧阳胜银著.—成都:西南财经大学出版社,2024.3
ISBN 978-7-5504-6024-9

Ⅰ.①中… Ⅱ.①周…②欧… Ⅲ.①绿色农业—农业发展—研究—中国 Ⅳ.①F323

中国国家版本馆 CIP 数据核字(2023)第 230907 号

中国农村绿色发展的多维测度与长效驱动研究
ZHONGGUO NONGCUN LÜSE FAZHAN DE DUOWEI CEDUO YU CHANGXIAO QUDONG YANJIU
周 纳 欧阳胜银 著

责任编辑:廖术涵
责任校对:周晓琬
封面设计:何东琳设计工作室
责任印制:朱曼丽

出版发行	西南财经大学出版社(四川省成都市光华村街 55 号)
网 址	http://cbs.swufe.edu.cn
电子邮件	bookcj@ swufe.edu.cn
邮政编码	610074
电 话	028-87353785
照 排	四川胜翔数码印务设计有限公司
印 刷	郫县犀浦印刷厂
成品尺寸	170mm×240mm
印 张	13.25
字 数	193 千字
版 次	2024 年 3 月第 1 版
印 次	2024 年 3 月第 1 次印刷
书 号	ISBN 978-7-5504-6024-9
定 价	78.00 元

1. 版权所有,翻印必究。
2. 如有印刷、装订等差错,可向本社营销部调换。

前 言

  本书在总结国内外研究成果的基础上,对农村绿色发展进行了概念界定,认为应该从狭义和广义两个角度来准确理解农村绿色发展。在狭义视角下,农村绿色发展是指运用有效治理体系实现农村发展的绿色化和高效化,其基本定位是瞄准农村如何发展资源节约型经济和环境友好型经济,基本保障是必要的政策制度与合理的农业技术,基本目标是环境保护力求人与自然和谐、资源节约力求转型高效。在广义视角下,农村绿色发展是指充分借助绿色生产手段,在保护环境的基础上,通过推动农村地区安全与发展、风险与效益的有机协调,实现农村地区生产生活方式的可持续发展和农业产品种类的高质量增加。

  我国农村发展在经历了早期盲目发展忽视环保,到中期重视发展启动环保,再到后期强调发展与环保协同三个阶段以后,逐步表现出粮食结构升级产量增加、农民生活质量极大提升、农村生态面貌不断改善、农村制度创新提质加速的基本面貌,但仍然存在绿色农产品市场供求失衡、农村生态环境质量不高、科技人才匮乏、资源利用效率较低等问题,因而真正做好农村绿色发展,应当确保坚持发展、强调清洁、力争高效。

  在理论分析的基础上,基于科学性、全面性、代表性和可行性原则,本书从绿色基础、绿色资源、绿色环境和绿色技术四个维度设计了农村绿色发展的指标体系,利用 2010—2020 年全国 30 个省(区、市)的数据(不包含西藏自治区和港澳台地区数据)进行了实证分析,发现我国农村绿色发展整体水平在不断上升,但也有部分地区比如北京、辽宁的农村绿色发展水平表现出较为明显的下降趋势。从区域对比来看，各地区之间存在明显的空间差异性，黑龙江的农村绿色发展指数最高，甘肃省的农村绿色发展指数最低。通过设计最大权重与最小权重之比的差异度公式进行匹配性检验，发现较多地区农村绿色发展各维度的权重非常接近，这表明绿色基础、绿色资源、绿色环境和绿色技术在农村绿色发展中都很重要，各指标匹配性较强，也说明本书选取的指标存在一定合理性。

接下来，本书对农村绿色发展进行了时间维度的识别研究与特征分析，借助 MIMIC 模型，从农村保护、农村劳动力、加大清洁能源使用力度、环境卫生、交通发展、教育水平六个方面选择可能影响农村绿色发展的外显变量，从农业技术和农业政策支持力度两个方面选择可能受农村绿色发展影响的内显变量，通过实证分析发现，加大清洁能源的使用力度有利于我国农村绿色发展速度加快。与此同时，本书还借助时序分析模型展开研究，从全国层面来看，农村绿色发展呈现周期性上升的特征。此外，本书还通过 MS 模型衡量农村绿色发展的波动周期，采用差分原理衡量各地区农村绿色发展增速，采用分位数回归模型分析农村绿色发展的经济效应，由此探索农村绿色发展的非线性特征。

进一步，本书对农村绿色发展展开了空间维度的识别研究与特征分析。通过梳理已有空间分析方法，从研究理论差异、研究视角差异和研究结果差异三个方面对比不同方法的优劣，由此提出采用聚类分析方法来剖析农村绿色发展的空间层次,借助 Moran'I 指数检验农村绿色发展是否存在空间相关性,利用空间计量模型研究农村绿色发展的空间自相关水平和空间溢出力度,探索农村绿色发展在地区间的关联效应,借此分析农村绿色发展的空间特征。

本书还根据结构、时间和空间三个视角的统计测度与特征分析结果,寻找了农村绿色发展的驱动因素。依据系统理论,从内部、外部和区际三个维度分别挖掘潜在的驱动因素,并采用灵敏度分析方法寻找内部驱动因素,采用面板分位数回归模型寻找外部驱动因素,采用修正的引力模型来寻找区际驱动因素。实证分析所得结论:绿色环境是农村绿色发展的重要内因,但绿色技术在所有内因中具有最强的可持续推力,进一步发现,促进农民增收、大力发展沼气工程项目、提高森林病虫鼠害防治率和优化网络技术分别是驱动农村绿色基础、农村绿色资源、农村绿色环境和农村绿色技术的结构性内因;金融发展水平和科技实力是驱动农村绿色发展的重要外因;相邻地区地理位置决定的空间邻接关系是驱动农村绿色发展的重要区际指标。

基于多维驱动因素分析的结果,本书从金融发展与科技支撑两个角度分析农村绿色发展的驱动路径。通过解构金融发展的内在逻辑,从金融发展广度、金融发展深度和金融发展效率三个方面剖析驱动农村绿色发展的影响机理,并采用从 Wind 数据库和历年《中国农村统计年鉴》《中国农业统计年鉴》《中国统计年鉴》

等途径得到的数据和资料进行实证分析，证实了金融发展广度、金融发展深度和金融发展效率确实都可以驱动农村绿色发展，其中金融发展深度的驱动效应最明显。这一结果也通过了分维度检验、分区域检验和稳健性检验，而机制检验的结果进一步表明金融发展广度通过提升农业领域的涉农贷款额度来驱动农村绿色发展，金融发展深度通过改变金融服务等级来驱动农村绿色发展，金融发展效率通过保障金融市场的安全稳健运行来驱动农村绿色发展。从科技支持角度的检验来看，科技发展广度、科技发展深度和科技发展效率都能促进农村绿色发展，并且科技发展深度相对最优，这一结果同样通过了分维度检验、分区域检验和稳健性检验，但科研经费投入表征的科技发展深度对农村绿色发展的驱动存在门槛效应。

在理论分析与实证检验的基础上，本书认为驱动农村绿色发展的长效路径是进一步完善基础数据、优化农村绿色发展模式、制定结构性驱动策略、完善农村金融体系、发展农村科技体系和借鉴国外良好模式。

周纳　欧阳胜银
2023 年 5 月

目 录

1 绪论

1

1

绪

论

1.1 研究背景与意义

1.1.1 研究背景

改革开放以来，我国吸收欧美国家工业革命的经验，通过大力推动工业化进程带动经济增长，经济增速常年创造世界奇迹，经济总量也从 2010 年开始逐年攀升，目前已排到世界第二位，仅次于美国。但在这一傲人的成绩下，与之伴随的是日益严峻的环境问题，尤其是在城乡二元结构中处于弱势地位的农村地区，长期扮演着城市废品和工业污染避难所的角色（林龙飞 等，2020）。城市生活垃圾的倾倒，一些高排放的工业企业不断迁向内地村镇等，由此出现的农村污染源杂、污染面广、污染度深等问题显著制约着农业产出。这种"有增长无发展"的资源环境与社会问题，也逐渐向农村地区蔓延（Jiangxue Z et al.，2018）。大面积的农村资源出现过度开发，导致农村资源耗竭的同时也面临挖掘污染问题。农业污染产品如农药、化肥、塑料薄膜等使用量呈现直线攀升趋势，直接导致地表径流和地下水的氮、磷等元素含量过高，由此带来严峻的农业面源污染（Lou et al.，2016；Wang et al.，2018；杜鹃 等，2021）。农村桔秆焚烧、污水横流、垃圾乱扔等情况也都在不断降低农村环境质量。综合来看，内外因素的共同作用导致农村生态环境变差，对农业可持续发展造成了较大影响，也降低了农民的幸福感。

在全球对环境问题高度重视的大环境下，我国多次在联合国环境大会、联合国气候变化大会等全球舞台上，提出了保护环境的决定，也表达了对环境治理的信心，同时积极推进"两型社会"建设的步伐，以资源节约与环境保护为特征的绿色发展理念日益深入人心。特别是党的十八届五中全会提出"创新、协调、绿色、开放、共享"五大发展新理念，由此将绿色发展提上了全新的高度，而绿水青山就是金山银山的发展理念，更是强调要将治理农村生态环境提升到战略层面。2017年9月中共中央办公厅、国务院办公厅印发《关于创新体制机制推进农业绿色发展的意见》、2018年7月农业农村部印发《农业绿色发展技术导则（2018—2030年）》以及2020年3月农业农村部办公厅印发的《2020年农业农村绿色发展工作要点》等，均为我国农村绿色发展提供了科学指导。在此背景下，我国各地区也在不断提出和完善一系列地方性制度政策，借此实现农村绿色发展的目标。

农村绿色发展作为可持续发展战略在农村地区的具体体现，是当前我国需要着力解决的一项重大议题。然而，不论是在理论界还是实务界，对当前农村绿色发展状态虽有一定程度的研究，但深入而系统地研究农村绿色发展进程、发展水平、发展速度及发展质量，并基于多维视角分析农村绿色发展的驱动因素，探寻促进农村绿色发展的长效驱动机制等方面的研究还比较滞后甚至缺乏。基于此，本书拟对农村绿色发展的现状和水平进行系统评价与综合测度研究，希望通过全面掌握我国农村绿色发展的基本特征，多维视角探索和挖掘我国农村绿色发展的驱动因素，寻找驱动农村绿色发展的长效路径。

1.1.2 研究意义

如何系统评估且有效驱动农村绿色发展，是全面实施乡村振兴战略的重要组成部分，也是历年中央经济工作会议以及国家"十四五"发展规划和2035年远景目标中重点关注的议题，因而本书的研究成果具有较大的理论价值和实践意义。

一方面，本书所提出的农村绿色发展概念和理论研究体系，可为准确定位农村绿色发展方向、合理测度农村绿色发展水平、系统分析农村绿色发展特征、详细挖掘农村绿色发展驱动因素、科学甄选农村绿色发展的生态文明之路提供新思路，有助于丰富农村发展及农村绿色发展理论体系，为学术界探索农村绿色发展提供新的视角与方法。另一方面，农村绿色发展建设研究可为国务院、国家农业农村部、国家科学技术部、中国人民银行、国家金融监督管理总局以及国家政策性银行等科学制定支持农业和农村发展的政策提供参考，也可为国家环保部、国家统计局等部门认识与评估农村绿色发展水平提供依据，亦可对工业清洁生产、涉农企业生产管理、金融机构涉农产品与服务提出具体要求，通过尽快实现我国在国际峰会上的环保保护承诺，提升我国农村的国际形象。

1.2 文献综述

对农村绿色发展进行测度及驱动研究，并由此探索如何推进农村走绿色发展之路，已经在国内外有较多的探讨，学术界对此的研究基本上遵循"农村经济与资源、环境的协调发展研究→农村绿色发展的测度研究→农村绿色发展的驱动研究"这一发展脉络。

1.2.1 农村经济与资源、环境的协调发展研究

农村发展不是单一的经济发展，而是经济与资源、环境的有机协调，要在资源节约、环境保护的前提下实现经济的高质量发展（胡鞍钢 等，2014）。为此，学术界着重从以下三个方面探索了农村发展道路，并汇集了农村经济与资源、环境协调发展的众多研究成果，基本达成一致观点。

（1）农村经济与资源、环境是一个有机整体，相互支持与协调。从环境角度来看，学者们支持农村发展的环境是一个综合概念，既包括自然环境也包括社会经济环境（陈美球 等，2006）。农村经济与环境发展的关系，表现为农村经济发展将带来农民收入的增加，使得农村建设投入提高，由此改善农村人均环境，因而整体来看有利于实现资源与环境的协调共赢（Lavrinenko，2013；Taher，2014）。但有些学者通过实地调查发现，农村环境的改善尤其是生存发展环境的改善，将在很大程度上降低农民的耕地保护意识，也减少了农村的耕地粮食

产量（陈美球 等，2006）。此外，还有些学者认为农村经济发展与农村环境之间会存在库兹涅茨倒 U 形假说（蒋黎 等，2019），且两者之间的影响协调关系已经得到诸多证明。综合来看，农村绿色发展需要立足于经济，但更要重视生态环境保护，其核心是建立农村生态环境补偿、绿色产业发展和经济增长的互动机制（何寿奎，2019）。资源要素和环境信息也将反向推动农村经济发展，并且能缩小城乡差距，因而也有研究表明我国农村环境和经济发展之间的良性循环局面已经逐渐趋于成熟（梁晨，2021）。

从资源角度来看，支持农村发展的资源也是一个综合概念，包括自然资源和社会资源。在自然资源方面，解安和吴练达（2019）对当前新常态阶段的经济压力进行了剖析，其认为农村经济发展的新增长点是要推进土地股份合作制，将土地要素以股权形式来为农民取得制度绩效，这样可以极大提升劳动人口在农村经济发展中的积极性。郭珍（2021）也认为对农村耕地资源进行有效管理，可以显著推进耕地资源系统的可持续发展，借此提升农村经济发展水平。当然，还有学者指出，农村资源的匹配并不局限于自然资源，以王西玉等（2003）、郁建兴和高翔（2009）、王晓东和李繁荣（2019）等为代表的学者探讨了劳动人口作为人力资本要素的作用。也有学者探讨了多重要素对农村经济发展的共同作用，比如王卫东等（2020）认为政治资本通过对人力资本施加影响来推动农村经济发展；贺小丹等（2021）指出农村劳动力规模与农村可持续发展存在密切联系，农民工返乡作为重要的人力资本要素可以有效推动农村土地流转，继而对土地资源产生显著正向效应，由此加速农村绿色发展水平；郭华等（2021）认为农村金融资源的有机协调与高效配置，以及农村人力资本的均衡结构，能在加速农村现代化建设和助推农村经济发展的过程中发挥重要的作用，而如果农村金融资源和人口结构能够实现时空耦合，则发挥的作用会更明显。

（2）农村绿色发展需要统筹资源节约与环境保护。推动农村可持续发展需要有充足的资源和良好的环境，如果出现资源匹配不足或者环境污染严重等问题，将给农村发展带来负外部性，因为农村环境污染因素首先来自自身对环境的保护意识与保护程度，加强生态治理是推动乡村振兴从而实现农村绿色发展的重中之重（张苏强，2019）。事实上，以绿水青山就是金山银山为发展理念的生态文明建设模式，是我国农村发展的时代要求，也是我国"三农"工作的重要环节，农村绿色发展与生态文明建设是双赢的结局（胡钰，2019）。曹桢和顾展豪（2019）也以浙江省的案例与案件为对象，论证了在乡村振兴背景下，农村生态文明建设在推动农村绿色发展方面存在较大的意义。进一步来看，农村绿色发展的提出背景，在很大程度上是基于对当前农村生态文明建设存在的问题的考虑，尤其是受制于资源约束、环境污染和生态退化，因而就农村绿色发展水平的提升策略而言，必须要统筹资源与环境（吴婷，2021）。此外，陈银蓉和王晓妹（2020）等学者认为，农村自然资源对农户产生的多元价值，将提高农户对农村资源的保护需求。因此，在政府加大对自然资源保护力度的背景下，农户将更积极地参与到农村生态文明建设与耕地保护合作过程中（陈怀宇 等，2021）。

当然，来自外部环境的恶化也会给农村发展造成较大的负面影响。比如相比农村地区，城市环境和经济具有更明显的优越性，这种落差增加了农民的心理压力，由此可能会约束农民参与生产的积极性（Oishi et al.，2011）。也有不少学者指出，不管是农村本身的污染还是城市污染转移到农村，都会加剧农村生态资源退化，并使得农业生产受到极大损害，因而农村经济的绿色发展也依赖于资源与环境的改善（罗静 等，2015）。李雪娇和何爱平（2016）等学者指出，在城乡经济博弈当中，农村更易处于劣势，因而难以有效规避来自城市的污染源，从而影响到农村的生态环境，由此进一步导致农村生态发展受到制约。当然也有一些学者通过研究发现，劳动力由农村转移至城市所引致的农村污染表现出较明显的倒 U 形特征，当农村劳动力转移强度提升到一定阶段，农村污染程度会出现显著的下降；同时他们也发现，这种来自外部的影响因素不仅是城市污染的转移，其他农村地区的污染也存在空间上的溢出效应（邵帅 等，2020）。基于此，加强生态治理，是深入推动乡村振兴战略的重中之重，也是农村绿色发展的内在逻辑（胡亮 等，2022）。

（3）正因为农村经济与资源、环境的有机协调，在不断提高农村经济水平的基础上，更应当从利益主体博弈、制度安排规范、激励机制重设等方面重视农村资源利用与环境保护，以此切实推进农村绿色发展（何爱平 等，2018；李雪娇，2018）。而在特定领域，农村绿色发展观念也应该深入生态资源的循环与保护中。为此，张红显（2020）认为从法律层面完善生态资源的保护与建设，就是努力践行农村绿色发展在生态领域的体现，这对于统筹协调农村经济与资源保护具有重要的意义。

此外，还有学者指出，劳动力转移对于农村环境污染也存在显著影响，因为劳动力转移将显著减少农业产出中的劳动要素投入，而农业技术无法在短期内得到迅速提高，使得资本成为推动农业产出的主要要素，而农业资本形态最终转化为化肥和农药，这将导致农业有机污染成为一种新常态。从形成机制来看，劳动力作为一种人力资本，是参与农村经济建设的重要资源。但这种人力资本的流失，将给农村发展带来显著的负外部性。一方面，城市在交通、医疗、教育、就业和经济等方面所具备的天然优势将促使农村劳动力外流（Giles et al.，2007；Yeung et al.，2009），导致驱动农业产量提升的要素由劳动力转化为化肥使用量（Wang et al.，2019），而化肥的过度使用又将带来严重的环境问题（Yu et al.，2009；Liu et al.，2010；张舰 等，2017）；另一方面，乡镇企业在农村工业化浪潮中扮演着重要的角色，但由于大量闲置农村劳动力缺乏足够的知识储备和专业技能，使得乡镇工业企业往往缺乏高超的技术和优质的服务，最终主要表现为不断集聚高污染、高排放企业，由此也成了我国农村环境污染的来源（Wang et al.，2008；Tilt，2013）。

1.2.2 农村绿色发展的测度研究

对农村绿色发展问题的研究不仅需要总结其现实表现和特征规律，并得到理论支持，还需要进一步基于经验数据进行量化分析，明确农村绿色发展的着力点和推动口，因此针对农村绿色发展的统计测度研究也得到了广大学者的重视。当前学术界对绿色发展测度及相关问题的探析，主要包括三个方面。其一是绿色发展指数的测度研究，这方面的学者主要是通过指数设计的方式来综合评价绿色发展水平。如张雪花等（2013）借鉴 Yekeen S A（2008）和 Serkan G（2009）等学者所构建的人类发展指数的逻辑，通过经济、社会、资源配置和环境保护四个领域的 49 个指标来衡量人类绿色发展指数。李晓西（2014）借鉴世界银行、联合国环境规划署和经济合作与发展组织等国际权威组织使用的绿色经济指标，从 12 个方面选取了衡量人类绿色发展的指标体系，并针对全球六大洲 123 个国家展开了实证测评。此外，Camilo 和 Ali（2018）、魏和清和李颖（2018）、袁久和（2019）、边恕和王智涵（2021）等也从不同侧面考察了绿色发展指数的构建原则与应该注意的系列问题。其二是区域性的绿色发展水平测度研究，如张欢等（2016）通过总结现有研究成果，提出绿色发展指标的设计应该着重关注资源与环境质量，并且要从客观性出发设计定量指标，但对于绿色发展的监测应该以动态评价为主。此外，还有吴旭晓（2017）、刘凯等（2017）、黄跃和李琳（2017）、刘晓男（2018）、Lili Chen（2019）等也在此领域展开了一些探索。其三是绿色发展效率研究，如 Limon（2012）从绿色增长绩效方面探讨了绿色发展效率问题。赵领娣（2016）、袁晓玲等（2018）、Luukkanen（2019）等也做了类似的研究。但以上学者的研究主要将绿色发展定位于全人类或者城市领域，而缺乏了对农村领域的研究。

国内较早将绿色发展问题引入农村视角的是谢里和王瑾瑾（2016）等，他们针对中国的农村绿色发展问题展开了测度探析，其研究思路主要是结合 DEA 模型和 Gini 模型构建中国农村绿色发展绩效评价指标体系，由此来测算我国 2003—2012 年的农村绿色发展绩效值。综合来看，有关农村绿色发展的测度研究主要集中在两个方面，其一是通过系列反映农村绿色发展的指标体系来构建指数，并通过一定的赋权方法综合得到绿色发展水平；其二是借助数据包络分析（DEA）方法进行效率测算。

1. 基于指标体系来测度农村绿色发展

要合理而全面地衡量农村绿色发展，就需要科学建构指标体系。诸多学者认为绿色发展的核心是要重视资源与环境（Weaver，2005），绿色发展模式则要全面评估经济的资源反弹效应（Bernd Meyer，

2012）。为此，从资源与环境角度来重点考察农村绿色发展的研究成果得到了系统性的展开。Chardine B E 和 Botta G V（2014）从供应量管理视角提出了生态评估的可持续分析框架，并设计了具体指标。吴旭晓（2017）从经济发展、创新驱动、资源节约、环境友好、社会进步和政策支持六个方面设计了 21 个量化指标来综合体现农村绿色发展水平。张海（2020）从农村人均环境、农村生态环境和农业生产环境三个方面选取了 21 个指标来反映农村环境绩效。此外，还有程莉和文传浩（2018）从农业可持续发展、农村产业融合发展、农村生态环境治理和农村基础设施建设等方面探讨了农村绿色发展的代理指标。程莉和左晓祺（2020）从乡村生态环境品质化、乡村生产集约高效化和乡村人均环境健康宜居化等方面来设计了农村绿色发展的指标体系。许炬和宋微（2021）则站在《农业农村绿色发展工作要点》的基础上，结合理论内涵设计了农村绿色发展的资源利用维度、环境友好维度、生态保护维度和农村发展维度。而何可等（2021）以长江经济带为研究对象设计了农业绿色发展水平指标体系，包括资源节约、环境友好、质量高效和生活保障四个方面。进行了类似研究的还有 Mancini M S（2017）、魏琦等（2018）、张建杰等（2020）、巩前文和李学敏（2020）、黎新伍和徐书彬（2020）等。综合来看，学者们对农村绿色发展指标体系的设计，几乎都会着重考虑资源与环境两个方面的因素，他们还在此基础上，结合自己对农村绿色发展的概念界定和认识，增添了一些新的维度和指标。这也说明，农村绿色发展水平的基础维度仍然是资源与环境，这在学术界已经基本达成共识。

鉴于不同层次的指标存在差异化特征，因而通常需要对相关指标进行综合处理，才能得到绿色发展水平，基于此，一系列研究方法也不断被开发出来，比如以综合评价法作为基本测度方法在学术界得到了广泛采用（乔瑞 等，2021）。但也有部分学者考虑到综合评价方法在赋权时存在严重的主观性问题，为了降低主观赋权方法的误差，一些研究成果中着重引入了客观赋权方法，主要包括：借助熵权 TOPSIS 模型（郑华伟 等，2018），采用主成分分析法（田时中 等，2020），采用熵值法和耦合协调分析方法展开测算研究（敬莉 等，2021），结合线性加权法、层次分析法和熵值法展开权重分析等（许烜 等，2021）。

2. 基于效率评价来测度农村绿色发展

在基于效率评价法来测算农村绿色发展水平方面，学术界也展开了一些探讨。Kortelainen M（2008）通过改进的曼奎斯特指数分析了农村环境的动态变化，借此寻找最优效率值。Huang et al.（2014）设计了一种包含 N 个单位决策元的生态效率测算方法，并通过综合考虑环境约束和资源约束的投入和产出变量来展开具体测算研究，从而实现了 DEA 方法向农业生产领域的延伸。王瑾瑾（2016）通过多种 DEA 效率评价模型和 Gini 准则相结合的方法，实证测度了我国农村绿色发展绩效。金赛美（2018）重点强调农作物的产出效率，因而采用了农林牧渔业总产值与农作物播种面积的比重作为衡量农村绿色发展程度的参考指标。此外，还有朱建华和李荣强（2021）等学者在已有学者研究成果的基础上，借助生态效率的概念来测算绿色发展，选取的要素投入指标包括就业人数和能源消费总量，选取的产出要素主要包括 GDP 和节能环保余额，再采用 DEA 效率模型进行实证测算。

以上学者对农村绿色发展绩效的测度研究，几乎都是以 DEA 为基础模型，但通常情况下这种方法并没有系统性地考虑指标选取过程中的松弛变量或者非期望产出因素，从而使得估计结果存在一定的稳健性问题。为此，Tone（2001）、Lin B 和 Yang L（2014）尝试结合 DEA 模型和 SBM 模型的优点，通过考虑非期望产出条件下的环境效率，综合设计了超效率的 SBM 模型，从而提高了参数估计的精度。此外，还有 Li B 和 Wu S（2016）、Song M et al.（2018）等学者借助方向距离函数模型和全要素生产率模型对这一议题展开了研究，也有了一些重要发现。崔瑜等（2021）则进一步基于这种高精度的超效率 SBM 方法，从驱动力、压力和响应角度选用投入指标，同时从状态和影响角度选用产出指标，来实证分析了我国各地区的农村绿色发展效率，并发现农村绿色发展效率的地区差异十分明显。综合来看，不同类型的效率评价方法都为农村绿色发展的测度分析提供了很好的帮助，可以全面阐释农村绿色发展的深层次原因，也可系统对比农村绿色发展的区域差异，这些都为本书分析农村绿色发展的时空演变特征提供了良好的借鉴。

1.2.3 农村绿色发展的驱动研究

如何驱动农村绿色发展，学者们主要从两个方面展开了一些探讨。

1. 农村绿色发展的驱动视角

学者们首先站在不同视角上，对如何驱动农村绿色发展提出了诸多有建设性的对策和建议，如基于发展机制视角（Barbier E B，2010）、基于绿色消费方式视角（Hing，2012）、基于政策保障视角（Maike S et al.，2013）、基于全球视角（Feng C et al.，2017）、基于碳足迹视角（Elfriede P，2018）、基于创新产业模式视角（孔源，2016）、基于强化农村生态系统和环境系统的质量问题视角（于法稳，2018）、基于法律法规制度视角（王允华 等，2018）、基于农村发展的经济制度视角（黄祖辉，2020）、基于法律法规可行性和新道德规范的参与式习得相结合的视角（李全鹏 等，2020）、基于农村反贫困视角（王金 等，2021）、基于农村绿色金融视角（赵慧娥 等，2022）等。还有学者认为生产力发展陷入瓶颈期、要素市场面临多重困境以及生产关系面临调整等多重因素的制约都在不同程度上影响了农业农村现代化发展，因而需要从顶层设计层面、政策层面、意识层面和发展方向等领域综合考虑农村发展问题（陈燕，2021），并且要做好中长期建设的准备，因为农村发展的长期目标是实现现代化（陈燕，2021）。此外，农村发展需要系统深化当前政策制度，处理好多重主体、多个目标、多方任务之间的关系，因而抓好"三农"发展面临的问题需要有系统性的思维。为此，张红宇等（2019）从十个方面提出了如何搭建农村优先发展的体制机制与政策体系；李晨和猴荣（2022）以乡村振兴战略为背景，重新明确了农村绿色发展的战略意义，并通过对农村绿色发展的目标界定和要求规划，提出接下来在乡村振兴战略中应该考虑的重点方向是综合协调制度、生产、文化和社会等方面的关系。当然以上部分学者主要是从定性角度进行的探索，而且综合来看，这些研究视角均较为单一，也没有得到经验论证和现实支持。

2. 农村绿色发展的驱动路径

基于不同视角的分析，学术界也量化了农村绿色发展的驱动因素，通过实证研究来解析了农村绿色发展的实践路径。农村发展首先需要有健全的可持续发展体系，而农村绿色发展应该在粮食安全、能源使用和技术创新等方面得到全面统筹（Koohafkan，2012）。如 Rick（2013）指出，绿色发展的途径应该多关注政策带来的影响，以政府为主体发放环保研发补贴并加强碳税征收，同时鼓励清洁生产，将有助于驱动农村绿色发展。余威震（2018）等从地区经济发展水平、城镇化水平、农业科技发展水平、生态保护社会投资能力以及农户投资能力等方面进行了实证考察，并基于 FGLS 法得出的结论发现不同驱动因素对全国以及区域农村绿色发展具有差异性影响。

不少学者认为，当前阶段，我国城乡经济发展仍存在不平衡的情况，在城乡二元结构背景下，要素流转存在阻碍，推进城乡一体化建设并逐步实现农业市场化，将极大地提升农业资源的配置效率和农村环境的保护力度（杜雯翠，2016）。推动农村经济发展所需的基本要素在二元结构背景下出现了供求失衡，农村经济全面均衡化发展必须紧密联系乡村振兴战略，加速城市反哺农村，走城市工业带动农村农业发展道路，是打破农村绿色发展障碍、实现农村经济协调化发展的重要手段（周桔，2021）。因此，诸多学者认为确保农业要素的有效投入（侯俊东 等，2012）、深入推进农业要素市场化（杨肃昌 等，2021），都具有极为重要的意义。

此外，考虑到农户是农村经济的主体，在参与农村发展建设以及推动农村环境治理方面都可以发挥主动作用，因而如何调动农户积极参与环境治理的意识和效果，在学术界也有了大量的研究。例如Schultz et al（2004）、Scannell 和 Gifford（2010）首先探讨了农户在保护环境方面存在较强的亲环境意识和亲环境行为，农户愿意为推动农村绿色发展做出相应的贡献。Bohr（2014）强调了政府在农户心中的信任度，认为农户对政府的信任度如果得到提高，将在很大程度上增强农户保护农村环境的意愿。杨肃昌和范国华（2018）等学者就我国2000—2016 年的省级面板数据进行了实证分析，发现农户同时从事农业和非农业活动，将增加农业生产活动的资本要素投入，从而直接对农村地区的生态环境造成较大影响，并且这种影响是显著的。马鹏超和朱玉春（2020）等学者认为公众参与农村水环境治理有四种模式，即村庄磋商小组、以河养河、民间河长、互联网+河长制，而每种模式的参与类型、理论基础、参与主体、模式优势和弊端以及适用条件都各有差异，只有同时发挥政府和公众的作用才能有效推动农村环境治理。唐林等（2021）从农户参与农村环境治理角度探索了农村绿色发展的途径，并重点分析了环境政策在其中发挥的作用，结果发现用行政手段来推动环境政策实施，要比用经济手段来推动环境政策实施的效果更好；他们还发现，环境政策更能推动大农户在农村环境治理方面的作用。许佳彬等（2021）论证了农户认知在影响农村绿色发展方面的理论机制，同时以环境规制作为基础调节变量检验了农户认知的作用，反向激励性环境规制和约束性环境规制在不同环境下对农业绿色生产意愿有着显著的正向调节作用。进行了类似研究的还有 Wells（2010）、Hurst（2013）、齐琦等（2021）、祁凡骅（2021）等。

还有一些学者为了实地了解农户在农村环境治理方面发挥的作用，采取示范村或田野调查的方式针对特定农户进行了实际调研，尝试通过一手资料来寻找农户治理农村绿色发展的模式。这方面的成果主要包括李建琴（2006）以浙江省长兴县为样本研究了如何创新农村环境治理体制机制，杜焱强等（2018）从我国传统三大区域选择若干案例来探讨了PPP 参与农村环境治理的模式，汪红梅和惠涛（2019）对全国 7 个省市进行了实地调研，王微和刘世华（2020）通过梳理浙江省"千村示范、万村整治"的成功经验为农村绿色发展指明实践路径，王建华等（2020）对江苏和安徽两个省份共 413 份数据展开了调研，张童朝等（2020）对冀鲁皖鄂四省共 1 372 份农户的数据展开了实际调研，唐林等（2020）调研了 628 份湖北省农民在参与环境治理方面的数据，苏淑仪等（2020）调研获取了山东省 16 个地市共 160 个村的数据，黄振华（2020）从全国 24 个省市当中选择 211 个村庄进行了农村环境治理的调研工作，运迪（2020）就沪滇闽三个地区的农村环境治理案例展开了分析，甘黎黎和吴仁平（2021）针对 615 份政策文本进行了统计分析，苏淑仪等（2021）以山东省临沂市兰山区为实践样本进行了调研分析。

1.2.4 研究述评

综合前面的分析可知，学者们对农村绿色发展问题展开了积极探索，从而为本书的研究提供了极具启发性的参考。但本书同时发现：①农村绿色发展不仅仅是经济发展与资源环境之间的协调，还涉及其他社会资源的分配，但这在已有文献当中很少被考虑到；②关于农村绿色发展的统计测度成果还比较单薄，已有的文献局限于从指标体系构建出发对农村绿色发展绩效展开研究，测度结果较为片面；③已有的农村绿色发展驱动研究主要是从定性视角展开的分析，相关定量研究成果则缺少对多维视角的比较，且基于不同对策效果的敏感性也缺乏量化分析，因而有必要进一步展开系统性研究。

基于此，本书尝试从更全面的视角系统性地分析农村绿色发展的指标体系，并针对农村绿色发展的水平、速度与绩效、周期与趋势等展开更细致的测度分析，并从结构维度、时序维度和空间维度对农村绿色发展进行不同角度的特征研究，然后从内部维度、外部维度和区际维度三个方面量化分析不同驱动因素的敏感性，从而提出更适合农村绿色发展的驱动机制和发展道路。

1.3 研究思路与方法

1.3.1 研究思路

本书在系统梳理和全面总结已有研究成果的基础上，从以下七个步骤进行了深入研究：

第一，明确界定农村绿色发展的理论内涵，从狭义与广义视角阐明农村绿色发展的基本概念与特征，梳理农村绿色发展的基本历程，总结基本现状与存在的问题，探索农村绿色发展的理论分析体系，从多维视角设计统计测度模型与方法，以此为基础，对农村绿色发展的水平、速度与绩效、周期与趋势展开统计测度。

第二，梳理农村绿色发展测算的理论基础，设计具体结构维度，探析农村绿色发展的内容与核算边界；界定评估指标的选取原则，甄选具体评估指标，构建评价方法；借助统计模型计算指标权重，综合加权得到农村绿色发展具体数值，并从农村绿色发展的内部结构展开匹配性检验。

第三，寻找农村绿色发展时序特征的分析方法，甄选外显变量和内显变量的具体指标，通过对指标进行平稳性检验，展开 MIMIC 模型的具体估计，由此得到农村绿色发展的整体估算结果；基于此，展开农村绿色发展的周期波动特征分析和时序特征分析，并探索不同分位点上农村绿色发展的时段差异。

第四，梳理已有空间特征评价方法，设计本书的评估模型；通过选取并说明具体指标的选择思路与范围，同时阐明数据来源与处理方式，描述性分析了指标的基本特征；借助聚类分析方法对各地区农村绿色发展水平进行了区间划分，借助空间计量模型评估了各地区农村绿色发展的空间辐射效应。

第五，从内在结构、外部诱因和区际辐射等角度分析了农村绿色发展的影响因素，设计灵敏度分析公式探索了四个维度对农村绿色发展的敏感性，同时评估了各指标对四个维度的敏感性；从经济、科技、金融、物价和城市养老等角度出发，探索农村绿色发展的外部驱动因子；从地理位置决定的空间邻接关系、经济发展水平差异、农业财政扶持差异、城镇化水平差异、老龄化程度差异以及农业在三次产业中的比重等角度出发，寻找农村绿色发展的区际驱动因子。

第六，基于驱动因子的检验，站在金融发展与科技支撑背景下，从金融发展广度、金融发展深度和金融发展效率三个层面探索金融发展对农村绿色发展的驱动效应，从科技发展广度、科技发展深度和科技发展效率三个层面探索科技发展对农村绿色发展的驱动效应，以此分析农村绿色发展的驱动路径。

第七，根据特征识别与驱动因素检验结果，从进一步完善基础数据、优化农村绿色发展模式、探索制定结构性驱动策略、持续完善农村金融体系、深入发展农村科技体系和积极借鉴国外良好模式六个方面，设计了农村绿色发展的长效驱动方案。

本书的具体研究思路如图 1.1 所示。

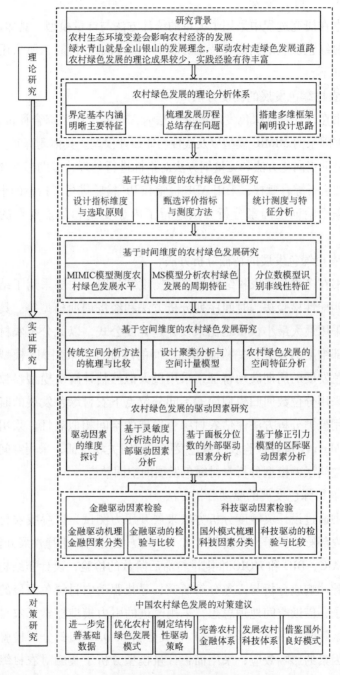

图 1.1　本书的技术路线

1.3.2　研究方法

本书在研究过程中采用了大量的统计方法与计量模型，具体而言，在做农村绿色发展的测度、特征分析和驱动因素分析时，所采用的研究方法如下：

1. 农村绿色发展的测度方法

本书在设计农村绿色发展测度方法时，主要考虑了综合评价方法、多指标多因果的 MIMIC 模型以及线性与非线性模型。具体测算时，本书进一步借助正向化方法和无量纲方法对指标进行处理，借助标准离差和变异系数进行综合赋权；采用 ADF 检验和 PP 检验进行了指标的平稳性检验，采用验证性因素分析方法进行了内显变量和外显变量的路径选择。

2. 农村绿色发展的特征分析方法

本书在多维分析农村绿色发展的测度结果时，主要采用了结构分解法、匹配性检验法、时间序列分析方法和经济周期模型等。具体分析时，采用最大最小权重之比来设计差异度公式，以此分析农村绿色发展内部维度的差异，并检验指标之间的匹配性；采用 MS 模型考察农村绿色发展的周期波动特征，采用极大似然估计解决模型参数拟合问题；采用分位数回归模型探索不同分位点下农村绿色发展的时序特征；采用聚类分析方法评估农村绿色发展的空间相似属性，采用全局和局部 Moran'I 指数检验农村绿色发展的空间关联特征，采用空间滞后模型和空间误差模型分析农村绿色发展的空间效应。

3. 农村绿色发展的驱动分析方法

本书通过设计灵敏度分析方法来展开压力测试，以寻找农村绿色发展的内部影响因子；采用 LLC 和 Fisher 方法对指标平稳性展开检验，并根据 AIC、BIC 和 HQIC 准则进行滞后阶数的检验，设计非结构化模型进行脉冲响应分析与方差分解研究，寻找驱动农村绿色发展的外部影响因子；借助空间地理思想，采用改进的引力模型探索了农村绿色发展的区际驱动因素，采用 QAP 相关分析和 QAP 回归分析检验了区际驱动因素的影响效应；采用面板计量模型分析了金融对农村绿色发展的支持效果，又用中介效应模型分析了金融支持农村绿色发展的影响机理；采用面板门槛模型分析了科技发展对农村绿色发展的驱动效应。

1.4 创新之处

1. 研究视角上的创新

在研究视角上，本书对农村绿色发展进行了多维统计方法设计与测度研究，并从结构维度、时间维度和空间维度出发，对农村绿色发展进行了多维视角的特征分析；同时从内部、外部和区际共同研究了如何驱动农村绿色发展，这也是研究农村绿色发展问题的一个新视角。

2. 研究内容上的创新

在研究内容上，本书基于农村绿色发展包含的内容与测度边界展开了多维度统计分析，依据农村经济增长模式与可持续发展理论，综合探讨了农村绿色发展的水平、速度与绩效、周期与趋势，还借助灵敏度测试等方法检验了驱动因素，据此来设计农村绿色发展的助推对策及长效驱动方案，这有可能成为一个系统性、创新性的研究成果。

3. 研究方法上的创新

在研究方法上，本书拟将理论研究与应用研究相结合、规范分析与实证分析相结合、比较分析与归纳演绎相结合，利用多种统计模型与计量方法，并且借助了多种检验理论，准确且系统地分析了农村绿色发展的核算边界、测度方法、实证结果、驱动因素和长效方案，力求方法的运用上做到前沿且合理。

1.5 本章小结

本书立足于乡村振兴这一背景，梳理了农村绿色发展的基本现状，并通过理论与实证相结合的模式探讨了农村绿色发展的多维特征，再从不同视角寻找农村绿色发展的驱动方案。本书基于大量基础数据展开了实证分析，所得基本观点如下：

第一，农村绿色发展存在狭义与广义之分，狭义视角下的农村绿色发展表现为运用有效治理体系实现农村发展的绿色化和高效化；广义视角下的农村绿色发展是指充分借助绿色生产手段，在保护环境的基础上，通过推动农村地区安全与发展、风险与效益的有机协调，以此实现农村地区生产生活方式的可持续发展和农业产品种类的高质量增加。农村绿色发展的首要目的是"发展"，根本方式是"绿色"，具体落脚点在"农村"，主要特征是坚持发展、强调清洁、力争高效、确保持久。

第二，农村绿色发展整体呈现出向好的趋势，主要得益于农业清洁能源的普遍使用、农村环境卫生的极大改善以及农民教育素质的快速提升。在2010—2020年，我国农村绿色发展平均增速为1.12%，但从地区层面来看，广西、贵州、重庆、甘肃和海南的增速最为明显，分别达到6.84%、6.53%、5.82%、5.82%和5.59%。

第三，农村绿色发展存在显著的区域差异性，其中，甘肃、广西和海南等地区的农村绿色发展水平相对较低，内蒙古、黑龙江、江苏和山东等地区的农村绿色发展水平则相对较高，这种发展水平的差异性有着较为明显的地域特性，整体呈现出东高西低的趋势。此外，相邻区域的农村绿色发展也会影响到本地区的农村绿色发展水平，因而对农村绿色发展的特征分析，既要权衡其内部结构的权重，也要考虑其外部原因，更要分析区间要素的影响。

第四，农村绿色发展受到多重因素的共同制约，寻找敏感性因子有利于加速农村地区的绿色发展速度。从内部来看，绿色环境和绿色技术是主要的驱动因子；从外部来看，金融和科技是主要驱动因子；从区际来看，相邻地区地理位置决定的空间邻接关系是主要驱动因子。

第五，农村绿色发展的驱动方案需要进行系统化设计。从衡量农村绿色发展角度来看，需要考虑进一步完善基础数据；从农业技术的边际贡献来看，需要优化农村绿色发展模式；从区域发展差异来看，需要探索制定结构性驱动策略；从金融发展的影响效应来看，需要持续完善农村金融体系；从科技发展的影响效应来看，需要深入发展农村科技体系；从发达国家已有的成功经验来看，需要借鉴其好的发展模式。

2 农村绿色发展的理论基础

2.1 农村绿色发展的内涵与特征

有关农村绿色发展的议题已经在国内外得到了广泛的探讨，而如何推动农村绿色发展，前提在于准确界定其概念与基本内容。为此，学术界也积极展开了农村绿色发展的内涵与外延研究，但始终没有形成统一的认识。本书从解读中央文件出发，挖掘了不同视角下农村绿色发展的内涵，从而为后续的理论剖析和实证研究奠定基础。

2.1.1 狭义视角下的农村绿色发展

迄今为止，理论界并没有对农村绿色发展形成统一认识，较早的相关说法源自历年的政策文件。而追溯历史可以发现，中华人民共和国成立以来我国的重心在于恢复和发展经济，对环境保护的重视程度不够。直到 1973 年 8 月，我国才召开第一次全国环境保护会议，并审议通过《关于保护和改善环境的若干规定（试行草案）》。1979 年，我国进一步颁发了中华人民共和国成立以来的第一个综合性环境保护法，即《中华人民共和国环境保护法（试行）》，并对我国环境保护的基本方针、主要任务和基本政策做了相应的法律规定。此后，我国农业农村部、生态环境部等先后推出并完善了不同领域的环境保护法规，这些都为经济发展的绿色属性奠定了基础。而自 2017 年的中央农村工作会议首次提出"必须坚持人与自然和谐共生，走乡村绿色发展之路"以来，有关农村绿色发展的研究开始得到热议。为进一步对农村绿色发展提供有效指导，2021 年 2 月《中共中央 国务院关于全面推进乡村振兴加快农业农村现代化的意见》从三个方面对如何推动农村绿色发展进行了总结，其一是绿色生产行动，其二是绿色保护行动，其三是健全治理体系，这为科学认识农村绿色发展提供了极具价值的指导。

由此可见，农业是我国国民经济的基础，也是我国经济高质量发展的改革重点，早期的中央文件亦着重强调农村绿色发展。事实上，环境保护与资源利用是农村绿色发展的两个核心。从狭义视角来看，农村绿色发展重点包含农业绿色发展与乡村环境治理两方面内容。其中，农业绿色发展的重心是调整农业生产手段、转变农业生产思路，推动农业形成安全、可持续的发展模式；乡村环境治理则侧重于环境卫生改善与治理体系建设，力求在乡村地区建立并完善安全高效的生态运作模式和环境改善机制。综合可知，农村绿色发展与"两型社会"发展存在较强的关联，两者都着重强调要更注意对自然资源的高效利用和生态环境的有机保护，因而无论是在资源开采与使用的过程中，还是在废弃物的处置与利用环节，都需要格外注意使用清洁的手段和高效的方式。

基于中央文件和相关会议的精神，本书将狭义视角下的农村绿色发展界定为：运用有效治理体系实现农村发展的绿色化和高效化。因此，农村绿色发展的内涵首先瞄准的是农村发展，包含农村如何发展资源节约型经济和环境友好型经济，这是基本定位；其次是运用有效治理体系，包含必要的政策制度与合理的农业技术，这是农村生产与农业治理的保障；最后是实现发展的绿色化与高效化，包括环境保护力求人与自然和谐，也包括资源节约力求转型高效，这是农村绿色发展的基本目标。

2.1.2 广义视角下的农村绿色发展

农村绿色发展理念的演变脉络源自我国历次政策文件，这些政策文件是为了保护农村生态环境、节约农村实用资源、提升农业生产效率。由此可见，狭义视角下的农村绿色发展聚焦于资源与环境两大领域，在一定程度上也比较符合早期对"两型社会"的界定。但与"两型社会"类似，除了资源与环境两个要素，农村绿色发展也需要关注更广阔的领域。具体地，还需要从经济与社会等多个方面予以系统地探索，这样才能提升农村绿色发展的研究高度。因此，在狭义视角下农村绿色发展的基础上，本书从统筹农村进步、乡村文明、农业升级等社会全局出发，还应该考虑更多要素来定义视角更广的农村绿色发展。

　　事实上，受历史因素的影响，我国农村居民的生产生活方式非常简单，日出而作，日落而息，只需要有安逸的生活环境和没有利益冲突的生产要素，即可保障农村居民生活的平稳和可持续。在此基础上，一方面随着生活水平的提高，农村地区农药和化肥的使用量也有所攀升，从而加快了农作物的产出速度，反过来也可以满足城乡居民的基本农产品需求；另一方面，劳动力外流倒逼农林牧渔行业的机械化水平不断提高，农村地区交通建设的密集度与互联网使用的频繁度，也从不同层面提升着农业生产的效率，由此带来更大的正外部性。然而不管是哪一种模式，农药和化肥的残留物以及机械化进程中柴油使用量增加的问题，都极有可能会增大土壤污染和水质破坏的概率，也会增加对生产资源尤其是不可再生资源的损耗。这意味着，若要进一步实现农村绿色发展，提升农村生产效率，就应当不断完善农村和乡镇地区的农业生产体系以及城市中的农业加工产业，由此丰富农村产品种类，提高农产品质量；也要增加具有农村绿色理念的生产模式和开发工具，以提升农村生产效率，并进一步减少资源损耗与环境破坏；还需要推动农村绿色发展的配套制度、生产环境和发展手段的优化，确保农村地区有足够的劳动力和相关生产资源。

　　因此，基于狭义视角下所定义的农村绿色发展，本书进一步定义广义视角下的农村绿色发展，认为农村绿色发展就是充分借助绿色生产手段，在保护环境的基础上，通过推动农村地区安全与发展、风险与效益的有机协调，以此实现农村地区生产生活方式的可持续发展和农业产品种类的高质量增加。由此可见，推动农村绿色发展，不能仅仅局限于资源节约与环境保护，还要不断坚持融合发展和创新发展，创新生产要素与生产模式，通过最优生产要素的选择与搭配，提升农村生产活力；与此同时，还应该重视农业产出在生态效益、经济效益和社会效益等方面的有机协调，包括重新设计、优化布局和系统整合农业生产体系，通过要素在农村地区的自由流转来降低农业生产成本，并不断创新产品种类，消除生产市场与消费市场的隔阂，优化产品质量，提高产品效益，实现产业兴旺和产品优质。

2.1.3 农村绿色发展的主要特征

结合农村绿色发展的文献梳理和内涵界定，可知其主要特征体现在四个方面：

1. 坚持发展

邓小平同志曾说"发展才是硬道理"。改革开放以来，以经济建设为中心是我国长期贯彻的基本国策，全面发展经济也是我国各行各业取得重大成就的坚强保障。在这一背景下，农村绿色发展的首要特征也就是要坚持发展，稳定粮食产量。事实上，"三农"问题是我国历年来高度关注的重要民生问题，如何发展农业、振兴农村、提高农民的收入和幸福感，理论界和实务界展开了讨论，历次中央经济工作会议和农村经济发展会议也将其作为重要议题展开讨论，农村作为农民休养生息和满足根本生存需要的场所，也是农业发展的集中地，因而关注农村发展成为解决"三农"问题的重点。中国作为传统的农业大国，从第一个五年规划开始便提出要牢牢守住十八亿亩耕地红线，这对于占用农田建房起到了一定的警示与约束作用，这也是农村发展的底线，也是我国具有法律效力的约束性指标，以此满足我国这样的人口大国对粮食的庞大需求。与此同时，新冠病毒感染疫情、国际政治冲突和贸易争端等因素也增加了国际市场粮食供给的不确定性，由此引发粮食价格较大波动。国内外负面因素的冲击要求我国更应当居安思危，保证农村平稳健康发展，从多方面努力提高粮食产量，将中国人自己的命运掌握在自己手里。我们不仅需要防止城市化和工业化的过度推进导致的种粮面积缩小和粮食产量下降，亦要努力完善农业农村发展根本制度，通过吸引农民工回流等方式来振兴乡村。

2. 强调清洁

绿色发展需要农村的整体环境较为清洁，包括空气质量优良、水质干净、道路清洁、居住环境整洁卫生等方面，这是农村绿色发展最基本的特征。近年来，频繁更新的乡村发展文件以及频繁召开的乡村振兴工作会议，无不将环境清洁作为绿色发展的核心要素，通过践行"绿水青山就是金山银山"的发展理念，优化农村环境规划，打造一批生态绿心、生态功能保护区，将乡村振兴与文化生态保护区有机融合，来推动农村地区经济发展的绿色化。事实上，如何实现农村地区的生态清洁，既是广大农民群众的殷切期盼，也是理论界关注的焦点。因此，在实施农业生产和生活的过程中，既要做到减少高污染高排放资源的过度使用，有效处理沟渠废水和厕所污染，降低污染排放速度和频次，也要积极借助风力、水力和太阳能等可再生资源，加大清洁能源的使用力度。

3. 力争高效

农村绿色发展要求提高发展的效率，保证农村经济符合高质量发展的基本要求。因此，如何更有效地利用既定资源实现农业最大产出，以及如何在现有手段和模式下更快地推动农产品的市场供给速度提升，都将在农村绿色发展理念下得到更大的关注和更多的研究。尤其是在当前国际形势动荡不明、以美国为首的部分资本主义国家频繁对我国实施系列制裁的背景下，更需要进一步强调粮食安全，切实提高粮食产量，减少粮食进口依赖，时刻铭记"中国人的饭碗任何时候都要牢牢端在自己手中"。这就要求我国要立足于农业大国的身份，提高农业生产的效率，这同时也表明我国农村地区传统的以高要素投入为特征的粗放式生产模式将逐步退出历史舞台，以数字化、机械化生产代替大量人工劳动将成为农村新型生产模式，集约化生产将得到更全面的普及。此外，还应当针对水利灌溉、农业施肥和害虫处理等环节，进行科学规划与设计，尽可能做好节水工作，精准有效施肥，合理控制农药使用量，力争通过最小的投入做到最大的产出。

4. 确保持久

农村绿色发展不能盲目追求短期利益而损害长期效益，应该站在长远的角度来谋篇布局，使农村发展目标清晰、机制稳定、策略持续，建立起推动农村绿色发展的长期有效机制。要实现真正意义上的绿色发展，既应当督促和鼓励农村生产模式满足当代人的需要，也要确保不能对后代人满足这一需要构成危害，力争农业生产手段、农村耕种模式、农民生活方式都能实现可持续发展。因此，有必要大力推进短期效益不显著但长远收益可预期的农业基础设施建设，确保农村发展动力持久；有必要在不同地域建立和推广农村污染的防范和整治机制，确保农村环境清洁持久；有必要探索化石资源的节能手段和农业资源的可再生模式，确保农村发展所需资源的持久使用。

2.2　农村绿色发展的基本历程

中华人民共和国成立以来，我国农村绿色发展经历了"盲目发展忽视环保→重视发展启动环保→强调发展与环保协同"的基本历程，不同阶段的实践和教训为推动我国农村绿色发展提供了宝贵的经验。

2.2.1　盲目发展忽视环保阶段

早期的农村发展以提高粮食产量为主，农村发展处于改革摸索阶段，在环境治理方面几乎空白，这一特征主要集中于中华人民共和国成立到改革开放这一阶段。这一时期，中华人民共和国刚成立，百废待兴，长期受封建帝制压迫的农民得到了翻身做主人的机会，中共中央也开始在解放区分批推动土地改革，除了部分少数民族地区等，土地改革工作已于1953年基本完成。土地改革政策的推行提高了农民生产的积极性，广大荒废的土地重新得到开垦和种植，但受制于落后的耕种技术、频繁的自然灾害、不到位的管理手段，以及城市工业发展挤占了大量的资源，我国粮食产量整体不高，粮食供求矛盾日益严峻。为了进一步推进社会主义市场经济建设，解放农村生产力，我国随之开始对农业实行社会主义改造，推行粮食统购统销制度，这一改造直到1956年才陆续完成，此时的个体农业经济基本转变为社会主义公有制经济。但后来的经验发现这种改造违背了市场发展规律，在较大程度上降低了农民生产的积极性，全国粮食供求矛盾没有得到明显缓解。与此同时，1958年建立的户籍制度加速了城乡二元差距，农村发展进入新一轮的改革摸索阶段。

在农村发展的改革摸索阶段，侧重工业发展和粮食增产的一些方法违背了生态规律，环境污染问题显现，此时已有了部分环境治理方案，但主要集中在城市和工业污染治理领域，而有关保持水土、适度开荒和合理利用农药等农村生态环境治理体系方面的问题没有得到足够重视。

2.2.2 重视发展启动环保阶段

户籍制度的推行奠定了城乡二元格局，使城市在产业集群、资源要素配置、分工效益等方面优于农村地区，地缘群体和地方保护意识也在不同程度上加速了城乡差距的不良循环。改革开放的推进打破了农村劳动力流动的局限性，农民工进城发展也可能造成农村发展所需劳动力不足的问题，从而约束了农村的有效发展。与此同时，"三废"逐渐向农村地区转移，乡镇工业污染和农村面源污染较为严重，因而国家在统筹城乡发展的过程中开始整治农村污染。

为了有效解决农村发展困境，改革公有制经济的弊端，也为了积极统筹城乡发展，1978 年，安徽省凤阳县小岗村率先试点分田到户，取得了较好的成绩。至此，包产到户、包干到户得到了国家的认可，1982—1986 年，频繁出台的中央一号文件都强调了"三农"问题的重要性，并指出社会主义生产责任制应该包括包产到户、包干到户，人民公社旧体制逐步废除，家庭联产承包责任制开始在全国推广。这一时期，土地所有权和经营权得到分离，农民积极性空前高涨，农业生产效率也得到明显提高。

随着粮食产量出现较快增长，农村富余劳动力进一步向城市和乡镇企业聚集，在邓小平南方谈话以后，农民进城务工的势头更为明显。随着党的十六大报告明确提出要统筹城乡发展，提高农业的基础性地位，在这一格局中，《畜禽养殖业污染物排放标准》《农业农村部关于深入推进生态环境保护工作的意见》《农业资源与生态环境保护工程规划（2016—2020）》等法规制度，明确指出要加强农村环境保护、禁止城市向农村转移污染，并提出建设生态农业的相关要求。而随着农业税条例的依法废止，以及党的十七大进一步提出要推进农业现代化，针对农村地区的环境保护要求得到重视。

2.2.3　强调发展与环保协同

随着互联网和农业种植技术的全面发展，节水农业技术和食品加工技术、数字农业技术等改变了传统的农业种植和加工模式，生物技术、分子育种技术、转基因技术等也推动着农业发展进入一个全新的时代。在此阶段，我国粮食产量逐年攀升，粮食供给不仅可以满足国内需求，还能出口国外若干地区。粮食增产已经不是农村发展的主要问题，以绿色发展引领农村环境保护则得到了更多提议。

事实上，我国近年来的农村经济工作会议就多次强调要协调处理农业发展与农村防污之间的关系。党的十八大提出，把生态文明建设放在突出地位，融入经济建设、政治建设、文化建设、社会建设各方面和全过程，推动美丽乡村建设成为农村改革的主旋律。2017年，党的十九大进一步强调必须解决好"三农"问题，要推动城乡统筹发展向城乡融合发展转变，并通过坚持农业农村优先发展来全面实施乡村振兴战略。在此阶段，我国先后制定了《全国生态环境保护"十五"计划》《全国农村环境连片整治工作指南（试行）》《关于改善农村人居环境的指导意见》《关于打好农业面源污染防治攻坚战的实施意见》《关于全面推进农村垃圾治理的指导意见》《农村人居环境整治三年行动方案》等，同时修订了《中华人民共和国环境保护法》，系列举措和决心都将农村环境治理推向新的高度，也标志着我国农村环境改革进入了新的阶段。

2.3　农村绿色发展的现状与问题

研究农村绿色发展，就是要以农业和农村为根基，探讨乡村地区经济发展的路径与模式。为此，需要总结农村绿色发展的基本现状与存在的问题，梳理农村绿色发展的主要特征，从而为测算与识别农村绿色发展奠定基础。

2.3.1　农村绿色发展的基本现状

从1988年世界气象组织和联合国环境规划署成立联合国政府间气

候变化专门委员会以来，国际社会开始在不同程度上重视全球气候与资源利用问题，我国要求提高环境保护标准的呼声很高，尤其是在农村地区，"绿水青山就是金山银山"的发展理念也深入人心。与此同时，农村改革四十多年的实践确保了我国始终在世界农业大国中占据一席之地，也为我国农村绿色发展奠定了良好的基础。理论界全面总结了农村改革所取得的历史性成就，当前农村发展的现状归纳起来主要表现在四个方面。

1. 粮食结构升级产量待优

作为传统的农业大国，我国在粮食生产方面始终保持着较高的产量，谷物、豆类、薯类等主要粮食品种的单位产量如今都有不同程度的提高，尤其是在以袁隆平院士为核心的科研团队研发出杂交水稻以后，外交部发言人表示，我国用全球不足9%的耕地种出了全球约四分之一的粮食，养活了全球近五分之一的人口，这是世界农业发展史上的奇迹。与此同时，改革开放四十多年以来，相比人口年均相对较缓的增速，我国第一产业总产值增速和农林牧渔业总产值的增速都要高出不少，由此说明我国人均农业 GDP 的产出水平较高。此外，我国农业播种受灾面积显著降低，粮食类型日益丰富，粮食生产结构也在不断优化，各地因地制宜发展紧缺、绿色优质农产品，适度增加油菜、花生、蔬菜等经济作物播种范围，低质低效的早稻与优质高效的单季稻也在不断优化比例，粮食作物、经济作物和饲料种植的质量亦在不断提升。但也要意识到，虽然目前我国豆类播种面积有所增加，但谷物和薯类播种面积减少较快，粮食播种整体面积呈现稳中略降的趋势，稻谷产量也有所下降，突出表现在南方地区的粮食减产相对北方地区更为明显。

2. 农民生活质量极大提升

改革开放以来，我国农民生活得到了极大的改善。从收入方面来看，2022 年我国农村居民人均可支配收入达到 20 133 元，同比增长 6.35%，近 20 年来的平均增速更是高达 11.22%。农民收入的快速增加在较大程度上降低了贫困人口规模，根据国家统计局的数据显示，改革开放以来，我国农村贫困人口减少约 8 亿人，为我国全面脱贫打下了坚实的基础。2021年2月25日，习近平总书记在全国脱贫攻坚总结表彰大会上庄严宣告，脱贫攻坚战取得了全面胜利，中国完成了消除绝对贫困的艰巨任务。从消费层面来看，国家统计局的数据显示，2021年我国农村居民人均消费支出达到15 915.6元，而农村居民耐用消费品的拥有比例也显著提升，其中，2020年农村居民平均每百户家用汽车拥有量26.4辆、摩托车53.6辆、电动车73.1辆、彩电117.8台、冰箱100.1台、空调73.8台、电脑28.3台、手机260.9部。从休闲层面来看，农村居民在进一步通过旅游来提升生活品质，截至2019年，我国农村居民国内游客数量增长到15.35亿人次，农村居民国内旅游人均花费达到634.7元①。种种因素都表明，我国农村居民生活水平显著提升，农民生活质量得到极大的提高。

3. 农村生态面貌不断完善

我国农村公共服务设施得到广泛普及，极大程度上催生了城乡公共服务均等化。根据国家农业农村部提供的数据，截至2021年，乡镇医疗卫生机构床位数达到历史新高的144万个，乡镇卫生院卫生人员数年均增速也达到2.7%；农村宽带接入用户数为14 189.65万户等。与此同时，农村生态环境也得到全面改善，农村累计卫生厕所使用户数增速为3.44%，农村卫生厕所普及率的年均提升速度达到2.79%，主要污染物排放量不断降低。此外，为进一步推动农村发展，有超过90%以上的村镇制定了符合当地风俗的村规或自治章程，以此完成村民互助、民事调解等。农村重大活动逐步实行集体决策，村民选举与表决权力日益得到完善。

4. 农村制度创新提质加速

农村发展取得的巨大成就离不开制度创新的作用。改革开放以来，我国实施的一系列制度创新为促进现代农业发展奠定了坚实的基础，这些制度创新主要表现在农村土地制度创新、市场制度创新、农业税收创新、补贴制度创新和就业制度创新等方面（唐忠 等，2019）。中国特色农村土地制度的改革与创新经历了"两权分离"到"三权分

---

① 受新冠病毒感染疫情的影响，2020年旅游行业受到的冲击较大，故只参考到2019年的数据。

置"，从体制上解决了农产品供给的短缺与结构性失衡问题，有效提高了粮食产量和农民耕种的积极性，丰富了农产品供给的多元化结构，扩大了农业经济效益。市场制度创新变革了农产品的购销体制，提升了农民在市场经济中的地位，也为国民经济其他行业的市场化改革提供了借鉴和基础。农业税费改革增强了农民收入的可持续性，提高了农民在市场经济中的地位，也降低了城乡公共服务的二元差距。补贴制度和就业制度的改革创新为我国打好农村脱贫攻坚战提供了制度保障，也为建立以中等收入群体为主的"橄榄型"社会新格局积累了条件和基础。

2.3.2 农村绿色发展存在的问题

尽管农村发展取得的成绩举世瞩目，然而由于我国农村人口较多且素质参差不齐，农业覆盖面积较广但农用技术水平差异显著，华东、华南、华西和华北的自然环境以及地形地貌迥异，使得我国在推进农村绿色发展过程中仍存在许多不确定因素。此外，作为一个庞大的农业改革项目，农村绿色发展的改革手段需要实时更新，推动机制也颇为复杂，并且牵涉不同经济主体，因而当前农村绿色发展仍然存在较多的问题，综合来看主要表现在以下四个方面。

1. 绿色农产品市场供求失衡

一是绿色农产品生产意识薄弱，供给体量偏小。受历史因素影响，我国农产品供给长期以来都更为强调量，而忽视了质，这种思路也决定了农业生产主要采取的是粗放式的手段与模式，生产效率低，污染要素投入大。此外，我国广大农民受教育水平整体偏低，为了降低农作物的病虫率，也为方便农产品的储存和运输，倾向于采用提高农药使用量的方式，因此绿色农产品也减少了。二是针对绿色农产品供给的监管手段不到位。绿色食品因其更加环保和健康，往往更受消费者青睐，但绿色食品也存在价格相对偏高的弊端，一些厂商和农户于是将污染超标的农产品宣传为绿色农产品，通过这种方式谋取不正当利益。但这种行为并没有得到食品监督管理部门的有效监管，也没有被媒体有效曝光，从而提高了非绿色食品的市场占有率，也助长了市场的恶意竞争行为。三是绿色农产品在市场流通和交通运输环节方面存在天然劣势，由此转换为价格劣势，这也不利于绿色农产品抢占消费市场。此外，绿色农产品的供给会影响到其他农户的经济利益，因而会受到其他农产品的挤压，最终导致农产品供给市场上出现"劣币驱逐良币"的现象。

2. 农村生态环境质量不高

随着《农业农村污染治理攻坚战行动计划》、农村"厕所革命"等系列方案的推进，我国农村生态环境治理取得了较好的成效。但仍然存在一些不足，突出表现在三个方面。其一是生活污水排放量居高不下，这一方面与农户自身的生活习惯和环保意识存在较大关联，另一方面也与当地环保政策与监管手段密不可分。其二是秸秆焚烧整治方案的效果不太理想，除少数农户能够自愿有效回收秸秆，大多数农户仍然倾向于采取焚烧的方式。尤其是在机械化得以运用的背景下，秸秆的回收利用率明显不足。此外，因为存在价格优势和使用便利性，塑料薄膜的整体使用率偏高，但回收效果并不理想，由此引发的农村白色污染较为严重。其三是耕地质量偏低，正在推进的退田还耕政策对提高我国耕地质量收效不明显，一级质量的耕地面积占比较少，中等质量的耕地面积较大，全国耕地质量整体呈现正态分布（戴晓鹏等，2019）。

3. 科技和人才匮乏

近年来，农业生产的科技步伐在不断加快，但我国农村地区的机械化水平与发达国家相比仍然存在较大差距。2020年，我国综合农业机械化水平仅为33%，而澳大利亚的甘蔗机械化水平已超过90%，美国在棉花和甜菜等农作物的播种到收割环节则实现了全面机械化。此外，受地域和地区发展影响，我国农村地区的机械化利用程度存在区域差异性，具体表现在平原地区的机械化水平相对较高，尤其是东北平原的农业机械化水平非常高，其中黑龙江省建三江垦区的农业机械化水平已经超过了98%，远超同期美国平均水平，但丘陵地带和高原地带的机械化水平则整体较差，大型农业机械无法得到推广，使得科技成果的转化应用价值较低。

在农村生产的人才要素方面，我国也存在农村劳动人口不足和劳动生产效率不高等弊端。改革开放以来，我国广大中青年人口逐渐向省会城市与发达地区聚集，这样一来我国农村适龄劳动人员也在不断减少，仅靠空巢老人和独居老人支撑的农业人口已经明显无法满足农村生产的人才需求。在机械化水平无法及时跟进的前提下，一些农田和耕地都处于荒废状态，人均创造的农业生产总值较低，与乡村振兴战略规划提出的目标值存在较大差距。此外，我国人口老龄化趋势愈发明显，这不仅在较大程度上改变了农村生产要素投入比例，也引发了产业结构的变化。与此同时，农村人口老龄化的显现，也倒逼作为理性经济人的农户做出改变农村宅基地和耕地利用形式的选择，从而给农村生态空间的扩展提供了机会（李秀彬 等，2011），但也因此降低了农产品的供给规模（廖柳文 等，2018）。

4. 资源利用效率较低

这一弊端突出表现在三个方面。一是农业灌溉水资源利用效率不高。我国水资源相对稀缺，尤其是中西部地区的降水量极为不足，而农业用水量又相对偏高，但传统的地面灌溉和喷灌方式存在较为严重的蒸发、水耗和浪费问题，水的利用率很低。现代农业微灌溉技术具备良好的精确性，能够更好地提高单产和果实品质，但因存在一定技术含量和资金要求，在落后的边远农村地区不能得到普及。加之农户的节水意识较为薄弱，有限水资源在同一地区不同农户家庭之间也缺乏有效配置，农田灌水的两极分化较大，使得水资源的综合利用效率整体偏低。二是农药和化肥使用量偏高，但综合利用率低。农药可以降低病虫鼠害的影响，从而提高农作物产量，化肥的使用则可以为农作物生长提供必要的营养，因而农药和化肥的使用在保证农产品供给过程中发挥着重要作用，也成为农作物生产必不可少的投入要素。但由于当前农户所需的农产品已经基本实现自给自足，在不将粮食出售作为主要收入来源的背景下，农户对于农药和化肥量的使用缺乏科学估计，为了减少劳动频次或提高杀虫效果，过度使用农药和化肥的现象在农村地区极为普遍，资源有效利用率严重降低。三是农业资金有效供给不足。受多种因素制约，农户自发性投资用于农村建设的潜力很小，"三农"发展的资金主要来源于国家财政。而得益于国家政策对"三农"的扶持，我国支持"三农"发展的建设资金确实在不断提升，但整体来看，"三农"财政资金比例仍然较低。尤其是在新冠病毒感染疫情的冲击下，企业迫切需要减税降费，这就进一步要求政府要"财政过紧日子"，使得"三农"建设资金有效供给仍然存在较大缺口。

2.4 农村绿色发展分析体系的构建

农村绿色发展的推动过程任重而道远，需要政府发挥积极的政策导向功能，在为农村提供惠农政策的同时，提高农民的积极性，同时也要协调金融机构、企业家、投资者等多个主体的利益关系，因而必须采用系统和发展的观念来统筹执行（陈芳芳，2022）。由此可见，对农村绿色发展的研究，也应当秉承多维视角的研究思路，根据其形成的原因、发展的历程、表现的特征、演变的趋势，做出系统判断，并综合借助科学的统计方法和计量模型开展实证研究，才能得到全面而准确的结论。

本书的研究目标体现在三个方面：①拟深度剖析农村绿色发展的理论内涵，明确农村绿色发展的核算口径，通过设计不同的测度方法与模型，对农村绿色发展的水平、速度与绩效、周期与趋势等特征展开多维统计核算。②基于测算结果，从结构维度、时序维度和空间维度出发，展开系统化的特征分析，以期丰富农村发展与可持续问题研究。③拟结合灵敏度等方法的测试结果，通过实证分析甄选驱动因素，寻找推动农村绿色发展的敏感路径，并借之构建农村绿色发展的长效驱动机制，由此为促进社会和谐与可持续发展、提高我国经济增长质量提供支持。因此，农村绿色发展分析体系可设计为三个环节，分别是设计多维测度方法、探索多维驱动因素、寻找长效驱动路径。

2.4.1 设计多维测度方法

本书的研究对象涉及多维视角下的农村绿色发展测度研究，包括农村绿色发展的水平、速度与绩效、周期与趋势等，同时也包括基于内部构成视角、不同空间分布视角和不同发展周期视角的三维特征分析和驱动因素探索，以及在此基础上设计的长效驱动机制。因此，本部分拟在结合农村经济增长模型和可持续发展理论等基础上，探索构建农村绿色发展的多维度测度方法，希冀从不同角度全方位识别并分析农村绿色发展的特征。

1. 设计结构视角的农村绿色发展水平测算方法

对农村绿色发展的认识首先体现在其发展水平或发展程度上，通过评估其发展现状来认识农村绿色发展的整体面貌。因此，本书结合农村绿色发展的概念，全面考察了绿色资源、绿色环境、绿色技术、绿色劳动力等方面的具体核算指标，采用标准化和无量纲化处理、变异系数法和熵值法等方法进行过程处理，再借助综合评价方法设计农村绿色发展水平的测度模型，以此分析农村绿色发展的综合尺度和排名。

通过农村绿色发展水平测算方法的设计，可以从结构维度出发，剖析农村绿色发展的结构特征，分析不同维度指标的权重，由此判断农村绿色发展的优势和劣势，继而为维持和改善农村绿色发展水平提供内部提升路径。与此同时，本书还将针对不同结构要素的匹配性展开统计检验，借此寻找组成农村绿色发展的敏感性因素，从而寻找撬动农村绿色发展的杠杆效应。

2. 设计时序视角的农村绿色发展水平测算方法

在识别综合水平的基础上，本书接下来讨论了农村绿色发展的时序特征问题，这有助于了解不同地区农村绿色发展的差异和相互影响。通过结合甄选农村绿色发展的影响指标与结果变量，以此为基点构建多指标多因果的 MIMIC 模型，该模型通常以变量的差分形式进行实证分析，因而可以较好地度量农村绿色发展的速度。进一步，借助验证性因素分析方法检验不同影响指标的灵敏度，再以经典年份为基准，采用结构方程模型拟合不同时段的农村绿色发展水平，以此探索时序视角下农村绿色发展水平的测算方法。

基于上述测算方法的设计，进一步结合线性与非线性模型构建农村绿色发展周期与趋势的测度方法，借此分解农村绿色发展的离散特征。然后从时间维度出发，借助时间序列分析方法和经济周期模型来识别农村绿色发展的时序特征，并对农村绿色发展的波动周期进行趋势预测，分析农村发展的绿色趋势，从而寻找激发农村绿色发展的敏感环节，为提高农村绿色发展效率奠定基础。

3. 设计空间视角的农村绿色发展水平测算方法

本书尝试进一步从空间维度出发，借助聚类分析方法识别农村绿色发展的分组标准，借助空间计量模型分析农村绿色发展与地区经济增长的空间关联性，检验农村绿色发展的辐射水平与溢出效应，以此探究农村绿色发展的省域特征，借助修正的引力模型展开社会网络分析，借助 QAP 相关分析和 QAP 回归分析研究农村绿色发展的区域分布与空间网络特征，为寻找农村绿色发展的驱动因素提供区际驱动因素的参考。

2.4.2　探索多维驱动因素

针对前一部分所设计的多维统计测度方法展开实证分析，借助特征分析模型评估农村绿色发展的离散特征和时序特征，本部分拟继续寻找农村绿色发展的驱动因素，为推动农村绿色有效、持续发展提供参考。由于衡量农村绿色发展的指标存在不同类型和多个维度，影响因素也来源于不同方面，因而也需要从内部、外部、区际三个视角共同展开农村绿色发展的驱动因素研究。

1. 探索内部驱动因素

农村绿色发展首先可以从系统内部寻找驱动因素。这主要是基于农村绿色发展的概念内涵与主要特征，准确识别其测度边界，然后在运用测度方法展开实证分析的基础上，针对农村绿色发展水平的诸多构成因素展开横向分析与纵向比较，借之分析推进农村绿色发展的内部驱动因素。在此基础上，计算各构成要素在农村绿色发展水平中所占的比重，挖掘其中占比成分最大的因素作为敏感性因子，以此作为内部驱动的主要因素，同时借助灵敏度分析方法展开压力测试，从而为提升农村绿色发展水平提供更优选择方案。

2. 探索外部驱动因素

除了系统内部的驱动因素，还可以从外源视角探索农村绿色发展的驱动因素。已经有较多学者从经济发展、交通建设、技术进步、劳动水平、资源属性等方面探讨了农村绿色发展的影响要素，这为本书的研究提供了良好的参考。本书从影响农村绿色发展的外源因素出发，结合速度与绩效评估方法中 MIMIC 模型对农村绿色发展影响因素进行了考察，并比较了不同影响因素的驱动方向和驱动效应，同时基于非结构化模型展开脉冲分析，据此寻找驱动力度最大的影响因子，从而探析了农村绿色发展的外部驱动因素。

3. 探索区际驱动因素

相邻地区的农业结构和经济产出会给本地区的农村发展起到示范作用并提供经验借鉴，不同地区在农业税收补贴和财政拨款方面的竞争也会凸显农村发展的绿色特征，这意味着还需要从区际视角探索相邻地区的经济指标给本地区农村绿色发展带来的影响。因此，本书进一步从空间相依视角出发，通过对农业产量、财政支持、交通运输、机械技术、资源利用、环境保护、制度保障等方面进行空间相关分析，并利用社会网络模型分析了农村绿色发展受相邻地区影响的可能性，然后借助修正的引力模型和空间计量模型展开省域关联分析，由此研究农村绿色发展的区际驱动因素。

2.4.3　寻找长效驱动路径

农村绿色发展是中国特色乡村振兴道路的重要方向，以绿色发展观为参照，建设有中国特色的社会主义现代化农村也是重塑城乡关系的重大任务（刘玉邦 等，2020）。基于农村绿色发展的理论测度与驱动因素的分析结果，本书接下来将进一步探索如何驱动农村绿色发展，并针对农村绿色发展的长效驱动机制展开系统研究，以此寻找驱动农村绿色发展的主要路径。具体包括如下六个方面的研究内容。

第一，从衡量农村绿色发展的统计视角出发，探索准确评估农村绿色发展的基本指标体系，科学寻找需要完善的基础数据，由此为长效驱动农村绿色发展提供识别基础。第二，从农村绿色发展的结构维度出发，分析并比较对农村绿色发展可以发挥边际贡献的内部指标，并选择其中贡献较大的指标作为内部驱动路径的参考依据。第三，从农村绿色发展的时序特征和空间特征出发，充分认识驱动农村绿色发展存在周期性差异与区域性差异，由此探索制定结构性驱动策略的可行性。第四，从内部、外部和区际三个维度出发，摸索可能存在的驱动因素，并借助相应的统计模型和计量方法展开检验与比较，从而寻找最优驱动因子。第五，结合多维驱动因素的实证分析结果，从金融发展的不同维度以及科技发展的不同维度，探析农村绿色发展的驱动机理，设计完善农村金融体系以及发展农村科技体系的驱动路径。第六，参考相关发达国家在推动农村绿色发展方面的良好做法，吸收已有的成功经验，从借鉴国外良好发展模式角度出发，寻找潜在的驱动路径。

2.5　本章小结

本章首先从解读中央文件出发，从狭义和广义两个视角对农村绿色发展进行了概念界定，定义狭义视角下的农村绿色发展为运用有效治理体系实现农村发展的绿色化和高效化；定义广义视角下的农村绿色发展为充分借助绿色生产手段，在保护环境的基础上，通过推动农村地区安全与发展、风险与效益的有机协调，以此实现农村地区生产生活方式的可持续发展和农业产品种类的高质量发展。然后梳理了农村绿色发展的四个主要特征，即坚持发展、强调清洁、力争高效、确保持久。中华人民共和国成立以来，我国农村发展经历了从盲目发展忽视环保到重视发展启动环保再到强调发展与环保协同的三个阶段，不同阶段的实践和教训为如何推动我国农村绿色发展提供了宝贵的经验。接下来，从粮食结构升级产量待优、农民生活质量极大提升、农村生态面貌不断完善、农村制度创新提质加速四个视角解析了农村绿色发展的基本现状，并发现存在绿色农产品市场供求失衡、科技和人才匮乏、农村生态环境质量不高、资源利用效率较低等现实问题。基于此，为对农村绿色发展展开全面分析，本书探索了农村绿色发展分析体系的构建思路，其一是设计多维测度方法，包括设计农村绿色发展水平的测算方法、设计农村绿色发展速度与绩效的测算方法、设计农村绿色发展周期与趋势的测算方法；其二是探索多维驱动因素，包括内部驱动因素、外部驱动因素和区际驱动因素；其三是寻找长效驱动路径。

3 基于结构维度的农村绿色发展研究

农村绿色发展作为一个综合性的概念，其组成要素也来源于多个方面，需要深度剖析农村绿色发展的结构维度，才能对此展开科学、准确和系统的研究。但在对农村绿色发展水平展开测度研究时，既要考虑其研究范围是农村地区，也要注意其"绿色"这一基本特征，更要关注其发展的本质要求。因此，本章首先将探讨农村绿色发展的理论构成维度，然后通过设计指标体系，选择评价方法进行综合研究，得到我国各地区农村绿色发展水平，并从结构维度进行内部匹配性检验，以此确定影响我国农村绿色发展的主要内部原因。

3.1 农村绿色发展测算的理论基础

3.1.1 结构维度的设计

农村绿色发展是一项复杂的工程，对此展开测算研究也需要一个系统性的视角。通过梳理学术界的成果发现，学者们也从多个维度来设计了农村绿色发展的结构性指标。基于狭义视角下的内涵界定，农村绿色发展的核心指标应该聚焦于资源与环境两个层面，但从广义视角来看，农村发展过程中的经济基础和技术要素也可以充当重要的组成体系，因而对农村绿色发展的测算分析应该从多个层面展开。综合来看，本书认为可以从四个维度来设计农村绿色发展的测度范围，分别为绿色基础维度、绿色资源维度、绿色环境维度和绿色技术维度。不同维度包含的内容有差异，体现的目标与特征也不是很一致。

1. 绿色基础维度

与城市经济社会发展存在显著差异的结果是，农村的首要任务在于寻求物质发展，在确保稳定发展的基础上实现农业产品与服务的绿色化是对现代农业的基本要求。可见，农村绿色发展首先需要解决发展的基本资源和基础力量，这就需要对农村绿色基础的形成有一定程度的考察。从基础力量来看，经济水平直接决定了农村发展的高度，这为推动农村绿色发展提供了经济支撑；而从基本资源来看，财政投入是农村发展所需要的资本要素，为加速实现农村绿色发展目标提供了保障。基于上述分析，绿色基础维度主要考虑的是为农村绿色发展提供支撑的经济水平与财政支出，尤其是需要关注具有显著农业特色的经济产出和绿色支出。因此，本书认为从粮食产出、农林牧渔业产出和可支配收入角度衡量的农村经济发展水平可以作为绿色基础维度的相关指标。

2. 绿色资源维度

"巧妇难为无米之炊"，发展需要有要素投入，绿色资源维度主要考察的是支持农村绿色发展所投入或占用的清洁资源。从农村发展的基本资源来看，当前越来越多的农田耕种正在从传统的手工劳动逐渐向机械化生产转变，随之而来的是较多化肥和农药的使用，而且受传统因素冲击、资源获取便利程度以及技术水平等多方面因素的综合影响，以煤炭、石油、生物质燃料等为代表的不可再生资源在农业发展过程中占到了很大比重，由此带来温室效应、水质污染、空气噪声等一系列问题，这些都无疑为农村发展带来了非经济因素。这意味着传统的高污染、高排放资源在农村绿色发展中将逐渐被弱化，而以能源卫生和高新技术为主导的资源体系将发挥更重要的作用。在可持续发展理念下，应该大力发展和应用绿色资源，尤其是太阳能、风能、水能等具有鲜明绿色特征的投入要素，以此确保农村绿色发展的清洁和高效特征。此外，还要注重农村卫生资源的投入和清洁能源的使用，从源头抓好农村绿色发展。

3. 绿色环境维度

绿色环境维度主要考察的是影响农村绿色发展的环境因素，这是农村发展过程中保持绿色的基本要求。因交通工具和机械加工等带来的噪声污染在农村层面表现得相对较少，农村环境更多的是表现为焚烧秸秆带来的废烟，工业与生活垃圾向河流与湖泊倾倒和农药与化肥等要素在农业生产中的使用所带来的废水，不可再生资源过度使用与不合理开发带来的废气，以及工矿企业在生产运作过程中带来的废渣。此外，餐厨生活垃圾和医疗废弃物等乱排乱放也给农村发展带来了较为严重的环境问题。这些都在不同程度上引发了各界对农村环境卫生的关注。推动农村绿色发展，必须确保农村地区拥有良好的生态环境，包括从要素角度减少柴油、农药和塑料薄膜等资源的使用，也要从环境角度控制疾病发生的风险以及害虫带来的不利影响。

4. 绿色技术维度

科学技术是第一生产力，技术进步加快了农村绿色发展的步伐，也提高了农村绿色发展的效率。绿色技术维度主要考察的是支持农村绿色发展的科研要素与技术投入。但技术进步不是一蹴而就的，在推进农村技术进步的过程中，农村发展所采用的手段、方式、路径和工具都需要不断协调，要处理好生态保护与效率提高之间的关系，这就需要特别重视技术形成的绿色特征，即以高质量发展为标准，避免粗放式的技术形成路径。因此，在衡量农村绿色发展过程中，对绿色技术这一要素的选取应该得到更多关注，包括提高生产运作效率的机械技术、确保优化生态环境的电力和热能技术，以及在满足基本物质需求基础上实现更高精神文化需求的网络技术。这些技术要么可以不断提高农业可持续发展水平，强化我国农业发展根基；要么则能在保障农村稳定发展的同时，减少污染物质的排放。综合来看，绿色技术的使用和推广，是对"绿水青山就是金山银山"这一发展理念的深入贯彻，是技术革命下的必然趋势，也能进一步推动农村发展朝着科学规划、持续推进、生态安全的目标前行。

3.1.2 指标选取的基本原则

1. 科学性原则

科学性原则反映了农村绿色发展的相关指标都应当具有重要的经济价值，能够从不同角度体现对农村的基本定位和对绿色发展的基本要求。通过收集历史信息和文献资料，本书发现在已有研究成果中，众多学者从不同角度设计了农村绿色发展的度量指标。事实上，所有评价指标的选取都应当紧密结合评价对象的具体内涵。基于对农村绿色发展的理论阐释，本书所选择的评价指标一方面必须是针对农村地区或者农业市场，应当具有典型的"三农"属性，另一方面则要突出绿色发展的理念，包括绿色资源的使用和绿色环境的维护。

2. 全面性原则

制约和反映农村绿色发展的指标体系很多，并且指标之间可能还存在领域交叉和结构关联，因而仅利用单一指标不可能对农村绿色发展水平和波动特征进行全面衡量，还需要从不同角度来选择指标以综合反映农村绿色发展各个方面的特征和状况，力求得到一个更佳的效果。根据上一小节的内容可知，评估农村绿色发展的指标体系应该具有全面性，也要综合考虑绿色基础指标、绿色资源指标、绿色环境指标和绿色技术指标。同时，针对每一个维度，应该尽可能地用更多的指标来体现其全面特征。

3. 代表性原则

全面性原则体现了对农村绿色发展所需指标的综合考察，但当前的统计制度决定了对核算指标的考察难以做到非常全面，并且过多的指标也将影响到数据收集的可操作性，提高了加工处理的难度。为此，针对每一个维度设计有代表性的指标显得尤为必要。首先，选取的指标要能体现出重要的经济意义，这样才能在反映农村绿色发展方面更具有专业性和针对性；其次，要求指标的时序波动性较为灵敏，这样才能反映出农村绿色发展的变动趋势；最后，指标在各地区间的差异应当较为明显，这样才能体现出农村绿色发展的区域差异，为分地区寻找农村绿色发展的差异化特征提供依据。因此，为了体现代表性原则，具体选择方案将对指标属性提出分类要求，需要系统比较和评价定性指标与定量指标、相对指标与绝对指标、比率指标与速度指标在衡量农村绿色发展中可以发挥的作用，以明确衡量农村绿色发展最适用的指标类型。

4. 可行性原则

已有研究主要聚焦于全国层面的农村绿色发展问题，也有部分学者关注特殊地区的农村绿色发展问题，但针对全国各地区展开综合测算与比较分析的成果较少，一个重要的原因在于不同地区的统计指标缺乏可比性。地大物博是我国的基本特征之一，作为传统的农业大国，我国东南西北不同方位的农业产品和服务存在较大差异，这使得从全国范围内寻找具有可比性的统一口径的农业指标存在一定难度，尤其是在满足指标全面性和代表性原则的基础上，需要设法进一步创新指标的选取模式，从而提高数据获取的可行性。可行性原则不仅要求各项指标都可在地区层面通过相关网站媒体和数据库找到基础资料与数据，也要求能够根据相关数据测算得到各地区农村绿色发展的综合水平、发展速度与绩效。因此，在基于全面性原则来考虑更多指标的过程中，必然会有部分指标在一些地区因缺乏较多数据而不得不舍弃，这样虽会减少纳入分析的指标数量，但可以增强数据处理与分析的可操作性，也将提高研究结论的科学性。

3.2 指标设计与评价方法

3.2.1 农村绿色发展指标体系的设计

分析农村绿色发展的基本特征及其规律，首先需要对其进行统计测度。根据对农村绿色发展的内涵解析和上一节对结构维度的设计，同时参考部分学者的研究成果（孙炜琳 等，2019；赵会杰 等，2019），从设计面板数据的角度出发，本书从四个维度来设计了农村绿色发展的统计测度指标，分别是绿色基础（GB）、绿色资源（GS）、绿色环境（GE）和绿色技术（GT），每个维度又分别包括 4 个指标。这样一来，农村绿色发展指标体系共计 16 个。各指标相关说明如表3.1 所示。

表 3.1 农村绿色发展指标体系

指标维度	指标名称	指标属性	计算方式
绿色基础	人均总产值（X1）	+	农林牧渔业总产值/农村人口
	人均粮食产量（X2）	+	粮食产量/农村人口
	绿色发展支出（X3）	+	地方财政农林水事务支出
	人均可支配收入（X4）	+	农村居民人均可支配收入
绿色资源	卫生机构比例（X5）	+	村卫生室/农村人口
	医卫人员比例（X6）	+	乡村医生和卫生人员/农村人口
	人均农作物播种面积（X7）	+	农作物播种面积/农村人口
	沼气工程（X8）	+	沼气工程个数
绿色环境	柴油使用度（X9）	−	柴油使用量/农作物播种面积
	农药使用度（X10）	−	农药使用量/农作物播种面积
	塑料薄膜使用度（X11）	−	塑料薄膜使用量/农作物播种面积
	森林病虫鼠害防治率（X12）	+	森林病虫鼠害发生面积/森林病虫鼠害防治面积
绿色技术	热能技术（X13）	+	太阳能热水器使用量
	电力技术（X14）	+	农村发电设备容量
	网络技术（X15）	+	农村宽带接入户数/农村人口
	机械技术（X16）	+	农用机械总动力/农作物播种面积

3.2.2 农村绿色发展的评价方法

综合表 3.1 中各指标的数据得分进行加权，设计农村绿色发展各维度的评价模型如式（3.1）至式（3.5）所示：

$$RGD = \omega_1 GB + \omega_2 GE + \omega_3 GS + \omega_4 GT \quad (3.1)$$

$$GB = w_1 X_1 + w_2 X_2 + w_3 X_3 + w_4 X_4 \quad (3.2)$$

$$GE = w_5 X_5 + w_6 X_6 + w_7 X_7 + w_8 X_8 \quad (3.3)$$

$$GS = w_9 X_9 + w_{10} X_{10} + w_{11} X_{11} + w_{12} X_{12} \quad (3.4)$$

$$GT = w_{13}X_{13} + w_{14}X_{14} + w_{15}X_{15} + w_{16}X_{16} \tag{3.5}$$

其中，RGD 表示农村绿色发展指数，X 为衡量农村绿色发展的相应指标，ω 和 w 分别代表各指标对应的权重。

3.2.3 指标处理与数据说明

由于表 3.1 中各指标属性不完全相同，且所有指标均为正数，柴油使用量、农药使用量和塑料薄膜使用量均大于 0，因而本书首先需要对不同指标的属性进行一致性处理，主要采用倒数法对逆指标进行正向化处理：

$$X_i = \frac{1}{x_i} \tag{3.6}$$

然后采用功效系数法进行无量纲处理：

$$\hat{X}_i = \frac{X_i - \min X_i}{\max X_i - \min X_i} \tag{3.7}$$

表 3.1 中所列指标体系的数据主要来源于《中国统计年鉴》《中国农业统计年鉴》和《中国农村统计年鉴》。考虑到各地区数据的可得性，在进行农村绿色发展水平测度时，选取的样本范围为 2011—2020 年全国 30 个省（区、市）（不含西藏自治区和港澳台地区数据）的数据。部分地区个别年度的数据有缺失，本书采用前后年度数据移动平均的方式进行了处理。

3.3 基于结构维度的农村绿色发展测度与特征分析

3.3.1 权重的计算

本书采用变异系数法来计算各指标的权重：

$$w_i = \frac{E_{x_i}}{\sigma_{x_i}} \tag{3.8}$$

其中，E_{x_i} 为变量的均值，σ_{x_i} 为变量的标准差。再结合式（3.1）至式（3.5）进行加权处理，可得时间层面农村绿色发展各维度的权重如图 3.1 所示。

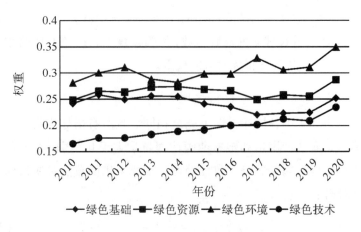

图 3.1 农村绿色发展指数各维度权重

综合图 3.1 的结果来看，各维度权重呈现出鲜明的大小关系。绿色环境的权重始终独占鳌头，其次是绿色资源，接下来是绿色基础，最后是绿色技术，可见当前我国农村绿色发展重点应该关注农村环境建设，这也进一步突显了农村发展的"绿色"要求。从权重的波动方向来看，绿色基础维度的权重略微呈现下降趋势，而绿色资源的权重是先上升后下降，绿色环境的权重则表现出"上升→下降→上升→下降"的周期性波动趋势，而绿色技术维度的权重则呈现略微上升的趋势，可见绿色技术的研发和推广将是未来农村绿色发展的重心。从波动趋势来看，各维度权重基本上都维持在 0.15~0.35，没有出现显著差异，波动幅度不大，这意味着不同维度在农村绿色发展中的重要性较为均衡，表明本书针对农村绿色发展指标体系中各维度的设计是较为合理的。

进一步描绘农村绿色发展各维度的指标权重，如图 3.2 所示。从分维度结果来看，在绿色基础维度中，各指标的权重较为稳健，在 2010—2020 年，并没有发生明显的波动。相对而言，人均总产值的权重最大，而绿色发展支出的权重最小，各指标之间的权重呈现出梯度变化特征。在绿色资源维度当中，医卫人员比例的权重在 2011 年处于最高水平，但随后出现趋势性下降，而人均农作物播种面积的权重则在逐期上升，权重占比最小的沼气工程指标则表现为波动性上升趋势。

在绿色环境维度当中，柴油使用量和农药使用量的权重都较小，且农药使用量的权重还有下降趋势，而森林病虫鼠害防治率指标的权重则呈现波动式上升，并且长期处于遥遥领先的地位。在绿色技术维度当中，机械技术在早期占据了最大的权重，但网络技术指标后来居上，其权重呈现显著上升的趋势，并从 2015 年开始成为绿色技术维度中最大指标权重，热能技术、电力技术和机械技术指标权重则均出现了不同幅度的下降。

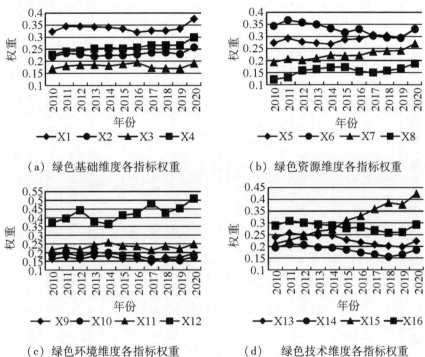

（a）绿色基础维度各指标权重　　（b）绿色资源维度各指标权重

（c）绿色环境维度各指标权重　　（d）绿色技术维度各指标权重

图 3.2　农村绿色发展各维度指标权重

3.3.2　指数的测算

将各指标权重代入式（3.1），可得 2010—2020 年各地区农村绿色发展指数的具体结果（见表 3.2）。由于对基础数据已进行逆向处理和无量纲调整，因而表 3.2 的测算数据体现了农村绿色发展的相对排序结果，数据越大，表明农村绿色发展水平越高；反之，数据越小，表明农村绿色发展水平越低。

中国农村绿色发展的多维测度与长效驱动研究

表 3.2　2010—2020 年各地区农村绿色发展指数测度结果

地区	2010 年	2011 年	2012 年	2013 年	2014 年	2015 年	2016 年	2017 年	2018 年	2019 年	2020 年
北京	0.339 8	0.362 9	0.395 9	0.369 6	0.351 0	0.357 8	0.334 5	0.332 6	0.304 3	0.295 4	0.319 8
天津	0.278 1	0.297 1	0.331 7	0.305 2	0.292 6	0.309 0	0.309 6	0.326 2	0.328 8	0.338 3	0.366 2
河北	0.347 5	0.371 2	0.380 8	0.377 3	0.366 7	0.370 8	0.400 4	0.428 7	0.420 6	0.418 4	0.452 9
山西	0.245 3	0.262 1	0.299 4	0.280 5	0.251 5	0.268 3	0.297 9	0.323 8	0.316 4	0.307 8	0.333 3
内蒙古	0.384 3	0.410 5	0.428 3	0.429 0	0.398 9	0.412 3	0.427 5	0.437 1	0.427 8	0.472 1	0.511 1
辽宁	0.330 2	0.352 7	0.381 4	0.356 3	0.323 8	0.355 3	0.342 2	0.355 4	0.341 0	0.331 1	0.358 4
吉林	0.336 0	0.358 9	0.364 5	0.350 9	0.311 4	0.325 1	0.348 2	0.374 8	0.362 5	0.369 1	0.399 6
黑龙江	0.431 8	0.461 3	0.494 9	0.483 1	0.491 8	0.497 3	0.488 0	0.504 0	0.493 3	0.489 1	0.529 5
上海	0.259 9	0.277 7	0.302 1	0.269 6	0.261 2	0.252 8	0.248 2	0.277 6	0.241 1	0.243 7	0.263 8
江苏	0.341 6	0.364 9	0.373 3	0.379 0	0.387 6	0.414 1	0.436 6	0.456 0	0.445 6	0.457 4	0.495 2
浙江	0.268 9	0.287 3	0.308 7	0.315 3	0.290 6	0.315 1	0.316 6	0.345 6	0.350 1	0.308 6	0.334 0
安徽	0.282 9	0.302 2	0.322 6	0.302 7	0.298 8	0.319 2	0.314 9	0.360 9	0.350 1	0.344 9	0.373 4
福建	0.277 6	0.296 5	0.301 2	0.342 1	0.335 9	0.362 1	0.370 9	0.376 1	0.384 5	0.406 0	0.439 5
江西	0.252 7	0.269 9	0.363 1	0.312 1	0.303 4	0.300 8	0.336 8	0.377 9	0.374 0	0.362 0	0.392 0
山东	0.397 2	0.424 3	0.445 5	0.445 0	0.441 2	0.461 8	0.462 2	0.472 7	0.459 0	0.457 2	0.494 9
河南	0.353 8	0.378 0	0.392 9	0.382 9	0.375 8	0.393 2	0.402 8	0.423 0	0.418 4	0.415 3	0.449 6

表3.2（续）

地区	2010年	2011年	2012年	2013年	2014年	2015年	2016年	2017年	2018年	2019年	2020年
湖北	0.286 7	0.306 2	0.329 0	0.324 7	0.310 7	0.341 3	0.353 6	0.395 2	0.370 8	0.389 9	0.422 1
湖南	0.265 5	0.283 6	0.302 8	0.340 0	0.346 1	0.341 8	0.345 0	0.338 9	0.341 3	0.363 7	0.393 8
广东	0.193 2	0.206 4	0.239 2	0.222 7	0.209 0	0.238 4	0.258 2	0.267 5	0.260 8	0.290 0	0.314 0
广西	0.204 8	0.218 8	0.212 6	0.222 1	0.213 1	0.210 4	0.209 3	0.207 8	0.225 0	0.340 5	0.368 6
海南	0.160 1	0.171 0	0.286 1	0.222 3	0.238 9	0.231 2	0.246 8	0.275 7	0.252 8	0.215 7	0.233 5
重庆	0.255 3	0.272 8	0.276 9	0.256 6	0.244 9	0.291 3	0.257 3	0.374 1	0.358 8	0.388 8	0.420 9
四川	0.271 6	0.290 1	0.357 5	0.302 5	0.333 9	0.356 1	0.367 7	0.381 8	0.376 1	0.381 0	0.412 5
贵州	0.248 5	0.265 4	0.329 8	0.340 2	0.356 0	0.388 2	0.349 9	0.416 9	0.408 4	0.424 2	0.459 2
云南	0.244 3	0.261 0	0.292 0	0.278 8	0.271 6	0.290 8	0.300 1	0.331 9	0.349 4	0.360 0	0.389 7
陕西	0.363 1	0.306 2	0.334 9	0.325 0	0.324 7	0.333 5	0.333 3	0.361 5	0.345 1	0.348 0	0.363 1
甘肃	0.286 6	0.172 4	0.181 8	0.195 2	0.173 7	0.187 7	0.199 6	0.256 5	0.258 5	0.261 4	0.376 8
青海	0.161 4	0.272 8	0.293 9	0.243 7	0.245 6	0.241 8	0.305 5	0.314 1	0.329 0	0.345 2	0.282 9
宁夏	0.255 4	0.270 2	0.261 9	0.279 0	0.278 0	0.316 7	0.247 1	0.267 9	0.291 8	0.258 1	0.373 7
新疆	0.253 0	0.260 8	0.285 2	0.247 8	0.246 4	0.308 2	0.303 5	0.336 1	0.343 8	0.349 9	0.279 5

根据表 3.2 的测度结果可以发现，各地区的农村绿色发展水平存在显著差异。对比来看，甘肃、广西和海南等地区的农村绿色发展水平相对较低，而内蒙古、黑龙江、江苏和山东等地区的农村绿色发展水平则相对较高，这种发展差异存在较为明显的地域特性，整体呈现出东高西低的趋势。但也有个别地区例外，比如上海在绿色资源和绿色技术两方面略显不足、广东在绿色资源和绿色环境两方面发展欠佳，使得这两个地区的农村绿色发展水平也表现为偏低，而贵州在绿色环境方面做得比较突出、内蒙古在绿色基础和绿色资源两方面表现较好，使得这两个地区的农村绿色发展水平也相对较好。

3.3.3　指数的变动趋势分析

从变动趋势来看，我国大部分地区的农村绿色发展水平呈现出一定程度的上升趋势，其中以广西、贵州、重庆、甘肃和海南的发展增速最为明显，分别达到 6.84%、6.53%、5.82%、5.82% 和 5.59%，表明"绿水青山就是金山银山"的理念已经在绝大多数地区得到深入落实，我国全面坚持生态优先的可持续发展战略取得了良好的效果。但也有部分地区比如北京、辽宁和上海的农村绿色发展水平表现出较为明显的下降趋势，其年均下降速度分别为 2.39%、0.58% 和 1.29%。此外，也可以发现吉林、黑龙江、山东和宁夏等地区的绿色发展水平基本上保持均衡，其年均增长速度分别为 0.53%、0.78%、0.97% 和 0.10%。

代表性地区农村绿色发展水平所呈现出来的下降、持平或上升趋势，可以从四个维度得到解释（如图 3.3 所示）。从波动趋势来看，在样本期间内，北京的绿色基础指数、绿色资源指数和绿色技术指数都出现显著下滑，年均下降速度分别为 4.08%、8.42% 和 5.62%，尤其是绿色基础指数下降明显，这使得北京农村绿色发展水平整体下降趋势明显。辽宁省的农村绿色发展水平出现下滑的主要原因在于绿色基础较差以及绿色资源不足，其下降速度分别为 3.73% 和 1.51%。上海农村绿色发展水平下滑的主要因素也是绿色基础和绿色资源，下降速度分别为 3.28% 和 7.52%。广西的农村绿色发展水平最高，主要得益于绿色技术的权重较高，而绿色环境指数在绿色发展指标体系中的增速最快，该地区绿色环境指数的平均增速高达18.53%。贵州绿色基础指数的平均增速达到17.52%，使得该地区保持了较为快速的农村绿色发展水平。重庆农村绿色发展水平较快，主要是因为其绿色环境指数、绿色资源指数和绿色技术指数都得到了较快的发展，平均增速分别为4.51%、11.63%和13.09%。甘肃农村绿色发展水平较快也是受多方面的共同影响，其绿色基础指数的平均增速为3.27%、绿色环境指数的平均增速为8.86%、绿色技术指数的平均增速为10.27%，基本上都保持在各地区的前列。海南农村绿色发展水平较快的最大功臣是绿色环境指数的快速发展，平均增速高达97.47%，在所有地区当中为第一位。

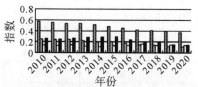

（a）北京农村绿色发展各维度指数

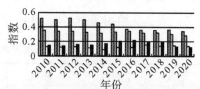

（b）辽宁农村绿色发展各维度指数

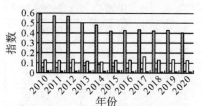

（c）上海农村绿色发展各维度指数

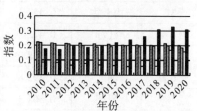

（d）广西农村绿色发展各维度指数

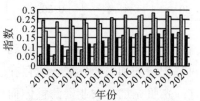

（e）贵州农村绿色发展各维度指数

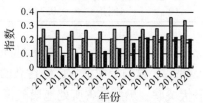

（f）重庆农村绿色发展各维度指数

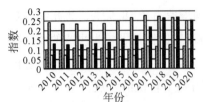
（g）甘肃农村绿色发展各维度指数

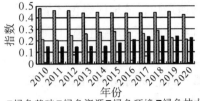
（h）海南农村绿色发展各维度指数

图 3.3　代表性地区农村绿色发展各维度指数

3.3.4　指数的区间差异分析

本书计算了样本期间内各省（区、市）农村绿色发展水平的平均值，并据此按从大到小排列，由此可知不同地区农村绿色发展的相对排名。表 3.3 给出了排名前 10 位和后 10 位的地区。

表 3.3　农村绿色发展排名前 10 位和后 10 位的地区

排名	地区	系数	排名	地区	系数
1	黑龙江	0.489 2	21	重庆	0.302 4
2	山东	0.452 1	22	新疆	0.298 0
3	内蒙古	0.427 1	23	山西	0.289 7
4	江苏	0.412 7	24	青海	0.288 0
5	河南	0.398 0	25	宁夏	0.274 5
6	河北	0.392 8	26	上海	0.263 8
7	贵州	0.364 3	27	广东	0.243 6
8	福建	0.352 8	28	海南	0.237 8
9	吉林	0.351 7	29	广西	0.228 8
10	四川	0.349 6	30	甘肃	0.209 6

从空间视角来看，黑龙江的农村绿色发展指数最高，达到0.489 2，这与黑龙江省已经建立的农村基础设施和农业发展环境存在较大关联。黑龙江省所处地段气温适宜，光照充足，农业资源整体而言非常丰富，耕地总面积、人均耕地总面积、可利用草原面积、产草量以及木材供应等指标都位居全国前列。并且黑龙江省地势较佳，广阔的平原地带有利于大规模开展农业机械耕种，这使得黑龙江省的农业机械化程度很高，机耕和机播面积常年排在全国首位。此外，黑龙

江省还有全国最大的国有农场、垦区、国有林区和木材生产基地，拥有全国最完备的森林工业体系，而且黑龙江省生态环境优良，水资源丰富，森林覆盖率很高，生态污染极小，绿色食品比例较高。这些内外条件的有机结合，共同推动黑龙江省在培育现代农业产业体系的同时，尤为注意经济发展的高质量途径，以绿色为理念的发展模式长期贯穿在黑龙江强省富省发展过程中，使得黑龙江省的农村绿色发展指数历年来都高居全国第一。通过表 3.3 还可以发现，山东、内蒙古和江苏的农村绿色发展水平也常年位居前列，计算发现这些地区在2011—2020 年的农村绿色发展指数也都超过 0.4，这与它们在全国相对靠前的农业地位存在较大关联。

相对而言，甘肃省的农村绿色发展指数最低，仅为 0.209 6，且与排名前一位的广西的差距较大，这与甘肃省的农业基础资源匮乏、生态环境有待提高、农业技术水平整体较低等因素有关。受多方面因素的影响，甘肃省部分农业人员素质较低和技术较差、农业产品较为单一、农业技术水平有限等弊端使得甘肃省农业增加值占 GDP 的比重常年维持在 12% 上下，这使得经济体量本就不高的甘肃省，在发展农业方面的基础资源跟不上步伐。与此同时，甘肃省主要的经济来源为化石资源、有色金属和生物制药，工业增加值占比常年居高不下，这也在一定程度上破坏了农村生态环境，显然不利于突显农村发展的绿色特征。此外，由于甘肃省独特的地貌地形使得农村机械化利用程度不理想，且劳动力外流又导致农业产出效率较低，最终综合导致甘肃省在农村绿色发展方面严重乏力。进一步发现，广西、海南和广东等南方省份在农村绿色发展水平方面也相对靠后，可能与这些地区的自然环境和农业技术存在较大关联。

3.4 农村绿色发展结构维度的匹配性检验

本书进一步从各省（区、市）层面分析了农村绿色发展的空间差异，依据各指标和各维度在不同地区间的赋权结果，衡量了不同要素在样本期内的重要程度。根据前面对样本数据的处理方式，同样以2010—2020 年为赋权基础，得到了各地区农村绿色发展不同维度的赋权结果，如表 3.4 所示。

中国农村绿色发展的多维测度与长效驱动研究

表 3.4　分地区农村绿色发展各维度的权重

地区	ω_1	ω_2	ω_3	ω_4
北京	0.268 2	0.230 1	0.240 9	0.260 8
天津	0.210 2	0.177 5	0.330 9	0.281 4
河北	0.208 4	0.215 4	0.351 5	0.224 7
山西	0.218 5	0.201 7	0.336 2	0.243 7
内蒙古	0.229 6	0.215 1	0.326 7	0.228 6
辽宁	0.201 2	0.192 9	0.363 7	0.242 1
吉林	0.260 6	0.223 6	0.279 0	0.236 8
黑龙江	0.211 4	0.220 9	0.329 4	0.238 4
上海	0.267 5	0.243 2	0.208 8	0.280 4
江苏	0.229 4	0.274 0	0.255 8	0.240 9

地区	ω_1	ω_2	ω_3	ω_4
浙江	0.238 6	0.233 7	0.295 5	0.232 3
安徽	0.224 8	0.228 2	0.294 2	0.252 9
福建	0.275 7	0.194 7	0.257 5	0.272 1
江西	0.215 3	0.186 2	0.307 5	0.291 0
山东	0.249 7	0.227 4	0.263 7	0.259 3
河南	0.229 1	0.201 8	0.325 3	0.243 8
湖北	0.252 0	0.218 9	0.274 7	0.254 4
湖南	0.235 9	0.234 6	0.295 3	0.234 3
广东	0.222 7	0.245 6	0.279 8	0.251 8
广西	0.217 4	0.218 0	0.316 6	0.248 0

地区	ω_1	ω_2	ω_3	ω_4
海南	0.248 5	0.158 3	0.311 9	0.281 3
重庆	0.253 9	0.223 4	0.279 3	0.243 5
四川	0.237 1	0.219 4	0.309 6	0.233 8
贵州	0.259 8	0.242 6	0.234 7	0.262 9
云南	0.184 6	0.263 2	0.314 7	0.237 5
陕西	0.233 0	0.204 8	0.307 0	0.255 3
甘肃	0.211 3	0.234 0	0.290 4	0.264 4
青海	0.232 9	0.211 6	0.280 8	0.274 7
宁夏	0.207 6	0.222 4	0.267 5	0.302 5
新疆	0.291 8	0.226 2	0.236 0	0.246 0

从表3.4的结果来看，较多地区农村绿色发展各维度的权重非常接近，包括北京、吉林、江苏、浙江、安徽、山东、湖北、湖南、广东、重庆、贵州、青海和新疆，表明绿色基础、绿色资源、绿色环境和绿色技术在农村绿色发展中的重要性都很高。但也有部分地区农村绿色发展各维度权重结构出现了一定程度的失衡，突出表现在天津、河北、辽宁、江西、海南和云南等地区，并且对农村绿色发展影响最大的维度均为绿色环境，而对天津、辽宁、江西和海南农村绿色发展影响最小的维度为绿色资源，对河北和云南农村绿色发展影响最小的维度则为绿色基础。

进一步地，分解各地区农村绿色发展各指标的权重，如表3.5所示。同时通过最大权重与最小权重之比 E 可以衡量各指标在农村绿色发展指标体系中的差异度，差异度 E 的计算方式如式（3.9）所示，测算结果见表3.5最后一列。

$$E = \max(w_i)/\min(w_i), \quad i = 1, \ 2, \ \cdots, \ 16 \qquad (3.9)$$

可以发现，大多数地区各指标所得权重较为接近，比如江苏、山东、北京和新疆等，说明衡量这些地区农村绿色发展各指标的均衡度较好。但也有部分地区各指标之间的差异较大，使得差异度 E 的值较高，如天津、黑龙江、上海、浙江和广西等地区。进一步发现，这些地区各指标之间差异度较高的原因都表现在绿色技术中人均互联网宽带接入户数的权重占比很高，突出表明了网络技术在衡量农村绿色发展中的重要性。这种现象的根源，在于近年来随着数字乡村发展战略的实施，我国网络普及率得到快速提升，农村电商行业也在倒逼农村互联网建设，不断推进农村宽带进乡入村。作为对比，天津和浙江两个地区森林病虫鼠害防治率的指标权重最小，黑龙江热能技术的指标权重最小，上海电力技术的指标权重最小，广西农药使用量的指标权重最小，由此体现了这些指标在样本期间内具有较强的稳定性。

中国农村绿色发展的多维测度与长效驱动研究

表 3.5　分地区农村绿色发展各指标权重与差异度

地区	w_1	w_2	w_3	w_4	w_5	w_6	w_7	w_8	w_9	w_{10}	w_{11}	w_{12}	w_{13}	w_{14}	w_{15}	w_{16}	E
北京	0.063 0	0.067 3	0.054 9	0.063 8	0.072 0	0.053 3	0.076 0	0.048 1	0.073 0	0.069 6	0.066 5	0.038 9	0.047 7	0.066 7	0.055 7	0.078 5	2.015 8
天津	0.045 0	0.059 6	0.069 4	0.067 7	0.062 4	0.036 3	0.086 4	0.066 8	0.090 6	0.046 4	0.074 0	0.023 7	0.048 2	0.042 7	0.122 0	0.045 4	5.149 9
河北	0.052 1	0.046 6	0.096 6	0.058 1	0.075 7	0.041 3	0.086 6	0.044 7	0.051 5	0.066 3	0.095 4	0.039 0	0.043 2	0.045 5	0.101 0	0.066 1	2.586 4
山西	0.052 7	0.037 8	0.104 2	0.063 7	0.068 6	0.044 8	0.091 9	0.046 4	0.063 4	0.050 5	0.095 6	0.042 7	0.034 9	0.033 4	0.125 4	0.073 2	3.768 3
内蒙古	0.050 3	0.047 7	0.097 2	0.059 8	0.072 1	0.043 4	0.093 5	0.045 3	0.040 7	0.061 6	0.100 6	0.052 2	0.046 2	0.063 8	0.076 8	0.061 0	2.473 9
辽宁	0.048 6	0.043 7	0.077 4	0.077 3	0.048 0	0.042 0	0.085 6	0.074 7	0.066 2	0.055 5	0.096 3	0.028 7	0.039 8	0.036 8	0.106 2	0.077 4	3.703 7
吉林	0.064 6	0.046 6	0.084 6	0.056 7	0.080 0	0.052 8	0.081 4	0.039 2	0.062 6	0.067	0.076 4	0.043 9	0.050 5	0.051 1	0.087 9	0.062 2	2.245 2
黑龙江	0.047 5	0.044 5	0.098 6	0.065 4	0.079 0	0.041 5	0.083 7	0.043 9	0.059 1	0.065 1	0.068 3	0.052 0	0.030 6	0.048 3	0.139 5	0.050 8	4.564 6
上海	0.076 1	0.052 3	0.057 6	0.063 1	0.086 3	0.051 7	0.061 4	0.048 0	0.084 8	0.060 8	0.048 9	0.055 8	0.036 5	0.027 6	0.122 1	0.046 5	4.424 8
江苏	0.057 8	0.067 2	0.056 3	0.068 2	0.064 2	0.073 3	0.056 4	0.055 9	0.070 2	0.065 6	0.069 1	0.044 4	0.059 6	0.053 2	0.078 3	0.057 8	1.760 9
浙江	0.053 7	0.079 0	0.063 0	0.052 0	0.065 5	0.059 0	0.083 1	0.044 6	0.059 4	0.068 7	0.103 8	0.024 6	0.041 9	0.057 2	0.108 5	0.049 3	4.409 1
安徽	0.060 3	0.047 6	0.075 7	0.067 2	0.060 6	0.054 5	0.070 5	0.063 8	0.060 1	0.072 9	0.061 5	0.051 7	0.042 6	0.051 2	0.114 4	0.049 9	2.687 7
福建	0.066 2	0.064 6	0.051 7	0.061 9	0.067 6	0.038 4	0.072 3	0.075 2	0.072 5	0.053 1	0.081 5	0.040 1	0.053 0	0.032 1	0.080 7	0.089 7	2.796 7
江西	0.058 5	0.043 7	0.068 0	0.079 2	0.048 1	0.042 5	0.084 4	0.079 7	0.036 9	0.065 8	0.102 7	0.041 0	0.033 1	0.032 6	0.087 2	0.112 8	3.457 0
山东	0.058 4	0.055 1	0.066 4	0.070 5	0.070 0	0.046 3	0.071 0	0.064 0	0.063 6	0.068 7	0.073 2	0.042 9	0.054 3	0.044 3	0.080 0	0.073 8	1.866 0
河南	0.056 9	0.044 9	0.089 9	0.061 6	0.067 3	0.038 0	0.092 4	0.057 1	0.066 6	0.065 2	0.047 8	0.058 4	0.047 2	0.045 4	0.095 7	0.067 0	2.520 0
湖北	0.062 0	0.049 6	0.077 5	0.062 3	0.067 9	0.038 5	0.068 4	0.077 8	0.046 6	0.054 7	0.088 2	0.062 1	0.042 8	0.051 3	0.113 1	0.046 9	2.937 3

表3.5（续）

地区	w_1	w_2	w_3	w_4	w_5	w_6	w_7	w_8	w_9	w_{10}	w_{11}	w_{12}	w_{13}	w_{14}	w_{15}	w_{16}	E
湖南	0.071 5	0.042 5	0.082 1	0.055 6	0.057 7	0.040 5	0.066 8	0.083 5	0.049 0	0.078 9	0.069 7	0.051 6	0.047 6	0.046 3	0.113 5	0.050 7	2.798 6
广东	0.057 8	0.066 2	0.062 7	0.062 7	0.062 9	0.064 0	0.077 0	0.045 8	0.029 2	0.109 5	0.057 9	0.054 5	0.059 5	0.045 0	0.071 1	0.074 5	3.746 9
广西	0.058 3	0.044 1	0.091 1	0.059 9	0.056 3	0.039 5	0.060 9	0.091 4	0.045 9	0.023 0	0.080 9	0.105 4	0.046 6	0.052 2	0.117 1	0.043 8	4.953 1
海南	0.061 7	0.043 1	0.079 7	0.063 0	0.061 9	0.045 9	0.075 8	0.061 2	0.083 4	0.042 6	0.069 6	0.048 4	0.088 5	0.032 9	0.082 5	0.048 2	2.687 3
重庆	0.071 0	0.058 7	0.058 3	0.060 5	0.062 4	0.040 6	0.072 3	0.076 3	0.076 3	0.038 8	0.089 6	0.049 9	0.051 5	0.039 7	0.095 5	0.067 6	2.461 3
四川	0.060 7	0.051 1	0.081 7	0.057 8	0.059 5	0.065 9	0.084 3	0.041 3	0.067 8	0.061 3	0.092 0	0.032 2	0.048 3	0.054 9	0.106 4	0.047 3	3.307 6
贵州	0.068 5	0.048 7	0.068 8	0.063 7	0.052 4	0.043 4	0.053 0	0.103 5	0.063 2	0.087 5	0.047 6	0.050 9	0.058 3	0.056 9	0.079 6	0.053 0	2.383 9
云南	0.048 1	0.046 6	0.095 8	0.061 3	0.032 0	0.055 4	0.047 1	0.110 8	0.074 9	0.063 4	0.069 6	0.031 4	0.034 8	0.051 2	0.120 3	0.055 8	3.830 8
陕西	0.052 3	0.059 5	0.076 6	0.060 0	0.049 5	0.039 4	0.084 9	0.081 4	0.083 6	0.041 5	0.094 2	0.033 6	0.046 0	0.046 2	0.091 8	0.071 0	2.805 9
甘肃	0.059 2	0.039 0	0.085 9	0.068 0	0.048 1	0.052 5	0.073 9	0.077 6	0.052 2	0.082 3	0.052 8	0.058 0	0.045 0	0.046 7	0.104 7	0.060 0	2.686 3
青海	0.057 8	0.053 4	0.071 3	0.067 5	0.061 6	0.052 0	0.065 2	0.070 8	0.041 5	0.074 2	0.077 0	0.054 1	0.049 3	0.047 3	0.108 8	0.048 6	2.625 5
宁夏	0.054 3	0.052 7	0.067 0	0.075 9	0.040 6	0.058 0	0.093 0	0.059 4	0.051 8	0.077 0	0.041 7	0.073 9	0.052 2	0.034 5	0.106 7	0.058 9	3.091 8
新疆	0.059 0	0.075 4	0.060 5	0.051 3	0.049 2	0.043 9	0.076 5	0.077 0	0.066 9	0.062 9	0.058 2	0.060 5	0.042 1	0.058 5	0.088 1	0.055 0	2.091 2

3.5 本章小结

农村绿色发展作为可持续发展战略在农村地区的具体体现，是当前我国需要着力解决的一项重大议题。本章首先结合广义视角下农村绿色发展的定义，探讨出衡量农村绿色发展的四个维度，并根据科学性原则、全面性原则、代表性原则、可行性原则，从绿色基础、绿色资源、绿色环境和绿色技术四个维度设计了农村绿色发展的指标体系，通过对指标进行正向化处理和无量纲处理，采用变异系数法测算了2010—2020年我国各地区的农村绿色发展水平。结果发现：

（1）我国农村绿色发展整体水平在不断提升，但各地区之间存在明显的空间差异性。从发展水平来看，甘肃、广西、海南、广东、上海、宁夏、青海、山西、新疆和重庆的农村绿色发展水平较低，四川、吉林、福建、贵州、河北、河南、江苏、内蒙古、山东和黑龙江的农村绿色发展水平较高。从发展趋势来看，广西、贵州、重庆、甘肃和海南的农村绿色发展潜力最大，北京、辽宁和上海的农村绿色发展水平在逐渐降低，吉林、黑龙江、山东和宁夏等地区的农村绿色发展水平则较为稳健。

（2）大部分地区农村绿色发展各个维度的权重较为均衡，体现了指标选取的合理性。但也有部分地区农村绿色发展各维度权重结构出现了一定程度的失衡，突出表现在天津、辽宁、江西和海南等地区对农村绿色发展影响最大的维度为绿色环境，影响最小的维度为绿色资源；河北和云南等地区对农村绿色发展影响最大的维度同样为绿色环境，而影响最小的维度则为绿色基础。从发展因素来看，我国农村绿色发展短期内主要受到绿色环境的影响，但长远而言，绿色技术的影响力度正在不断上升。

（3）从指标结构维度来看，甘肃省由于在农村绿色基础、农村绿色环境和农村绿色技术等方面与其他广大地区存在较大差距，使得其农村绿色发展水平最低，而黑龙江的农村绿色发展水平最高，可能与这些地区的农业发展优势有较大关联。不同地区农村绿色发展指数存在显著的差异性，主要是因为各地区的绿色基础、绿色资源、绿色技术和绿色环境有着较大差别，这可以为寻找农村绿色发展水平提升路径提供依据。

4 基于时间维度的农村绿色发展研究

农村绿色发展的理念在不断更新，其统计口径与核算边界也会随着概念的界定和统计数据的完善逐步得到精确定位。根据第三章选取的指标和实证测算也可以发现，组成农村绿色发展水平的要素指标在不同时期和不同地区确实存在数据的可操作性与连贯性问题，很难在不同时期对农村绿色发展设计更全面的核算指标，这在一定程度上会影响到对农村绿色发展综合水平的判断。因此，本章将从时间视角寻找与农村绿色发展存在稳定关联的相关指标，通过不同指标之间的经济关联与内在逻辑，从时序视角完成对农村绿色发展的分析。

4.1 基于时间维度的农村绿色发展测度方法

要从时序维度视角对农村绿色发展进行准确估算，就需要了解绿色发展理念下农村发展模式的全过程，需要对农村绿色发展的各个环节予以逐项核算。然而当前学术界对农村绿色发展内涵的界定尚未统一，对其核算口径也无统一标准，哪些应当视为农村绿色发展统计核算的组成部分、农村绿色发展将会带来怎样的社会影响等问题都悬而未决，致使常规度量方法给出的结果在学术界存在较大争议。基于此，本书希冀尝试以一些对农村绿色发展具有重要影响同时又可直接采纳的官方统计数据为基础，运用多指标多因果模型（MIMIC 模型）对农村绿色发展进行估算。

MIMIC 模型与传统计量模型存在较大差异之处在于，其对变量的要求存在外显变量和内显变量之分，其中外显变量表示所研究对象的外在影响因素，而内显变量则表示研究对象所引致的结果信息（邱海洋，2018）。根据其基本原理，本书设计测度农村绿色发展的 MIMIC 模型由两个部分所构成，其一是反映农村绿色发展原因的结构方程，其二是农村绿色发展导致结果的量测方程，具体形式如式（4.1）、式（4.2）所示：

$$\pi = \phi_i x_i + \xi \quad i = 1, 2, \cdots, p \qquad (4.1)$$

$$y_j = \varphi_j \pi + \varepsilon_j \quad j = 1, 2, \cdots, q \qquad (4.2)$$

式（4.1）中，π 为潜变量，在本书中表示农村绿色发展，x_i 为外显变量，表示农村绿色发展的形成原因，ϕ_i 表示外显变量对潜变量的作用系数，ξ 为结构方程的误差项；式（4.2）中的 y_j 为内显变量，表示由农村绿色发展所引起的经济变动，φ_j 表示潜变量对经济变动的作用系数，ε_j 为量测方程的误差项。并且通常认为，$E(\xi\varepsilon_j) = 0$，$E(\xi^2) = \sigma^2$，$E(\varepsilon\varepsilon') = Z$，$Z$ 为下三角矩阵。

式（4.1）和式（4.2）分别度量了原因变量与潜变量、潜变量与结果变量之间的关联，由于农村绿色发展本身存在数据获取的困难，因而可以通过直接分析和度量潜变量因素的原因变量对结果变量的影响，来对模型进行参数估计，并据此对目标变量进行统计测度（孙群力 等，2016），这正是 MIMIC 模型的巧妙之处。

基于此，将式（4.2）代入式（4.1）可得：

$$y_j = \varphi_j(\phi_i x_i + \xi) + \varepsilon_j = \varphi_j \cdot \phi_i x_i + \varphi_j \cdot \xi + \varepsilon_j \qquad (4.3)$$

式（4.3）表示的就是潜变量因素的系列原因变量对系列结果变量的影响模型，在本书中，就是表示引发农村绿色发展的原因变量 x_i 对农村绿色发展引发后果的结果变量 y_j 所带来的影响，影响因子由 $\varphi_j \cdot \phi_i$ 确定。

通过内显变量和外显变量构建的模型即可实现对式（4.3）进行估计，MIMIC 模型就是通过外生变量间的这些相互联系来解释方程的结构化关系。而一旦模型可以识别，那么各指标参数则可能得到估计，式（4.1）与式（4.2）也能得出表达结果，农村绿色发展就能得到相应的解答。

4.2 指标选择与说明

由于 MIMIC 模型存在多个原因变量和结果变量，需要同时整合结构方程和量测方程才可对潜变量进行分析，因而谨慎选择显变量（包括内显变量和外显变量）成为模型准确估计的关键（徐蔼婷 等，2007）。本书对度量农村绿色发展的内显变量和外显变量进行了考察：一方面是基于各项变量应该满足一般计量模型构建的原则；另一方面是在选择变量时，努力寻找理论或经验法则的支持，以此尽可能使得模型估计不存在系统性偏误，从而提高参数估计的敏感度。

4.2.1 外显变量的选择与说明

基于模型需要与经济意义上的考虑，同时参考郭永杰（2015）、Collins A（2017）、Zhang J et al.（2018）、Zhao X et al.（2019）、周亮（2019）等学者的观点，对于影响农村绿色发展的外显变量的选择，本书尝试从以下几个方面展开：农村保护、农村劳动力、清洁能源使用力度、环境卫生、交通发展、教育素质。

（1）农村保护。农村绿色发展的前提是要对农村形成良好的保护，只有在保持农村经济平稳和生态安全的基础上，才能推进绿色发展，而其中的水土面积是农业生产的根本，也是农民生活的重要场所，因而成为农村保护的核心部分。但长期以来，由于水力、重力和风力等自然原因侵蚀着天然土质疏松的黄土地，以及人为原因造成的不合理利用，使得地表植被遭到严重破坏，土地冲刷进入江河河畔或种植效率明显降低，也带来了生态平衡失调和水灾旱灾频繁等危害。因此，通过种树种草、兴修水库、修建水平梯田、打坝淤地等手段加强对水土流失的治理，可有效改善当地的生态环境和农业生产条件，从而提高农业种植的活力和农村绿色覆盖率，也能切实保障生命财产安全，这意味着加强农村保护是农村地区得以绿色发展的首要工作。基于此，本书将农村保护作为反映农村绿色发展的第一个外显变量，并具体采用水土流失治理面积这一指标来衡量对农村的保护程度，用符号 Res 表示。

（2）农村劳动力。劳动力作为企业发展和经济增产的基础要素，得到了以柯布、道格拉斯为首的经济学家们的重视，也在无数学者们的研究成果中得到了广泛证实，更是人口学家、"三农"专家持续探讨的热点话题。近年来，虽然农业技术得到全面发展，农用拖拉机、农用排灌电动机、农用排灌柴油机、收割机、脱粒机、机动船等也逐渐用在农业领域，但笨重的机械设备也需要青壮年劳动力来维持。而随着改革开放和城市化进程的推进，大批劳动力涌入城市寻求新的职业，留在农村的劳动力数量急剧下降，由此造成农业机械化不能得到有效普及。此外，劳动力外流也导致独居老人和空巢家庭逐渐成为我国农村发展的一个普遍现象，由于留守农村的老人和儿童往往跟不上农作物播种、生产与收割的劳动强度，这使得传统的依靠劳动力进行农业耕作的效率不断降低。由此可见，农村劳动人口规模有可能是影响我国农村绿色发展的重要因素，需要在外显变量当中得到考察。本书用 14 岁以上、65 岁以下的农村劳动力人口数作为劳动力规模的代理变量，用符号 Lab 表示。

（3）清洁能源使用力度。欧洲工业革命带来的环境污染问题，引发了全球关于经济生产模式的关注，追求可再生能源作为经济增长的动力成为全球的主旋律。因此，随着环境保护逐步被提上议程，以联合国环境规划署为代表的国际组织已在全球倡议有序推进使用清洁能源，联合国气候峰会也为促进哥本哈根气候大会的进展，督促全球各国在控制温室气体方面做出了承诺和努力。我国为了践行在全球气候峰会上的承诺，同时为了推进生态宜居的美丽乡村建设，也在不断研发和推广使用清洁能源，以此降低污染排放。以水电、风电、太阳能、生物能（沼气）、地热能和海潮能等为代表的可再生能源作为绿色能源的重要组成部分，是常规意义下的清洁能源。但是在这些清洁能源中，水电主要集中在雨水充足或者分布有大量河流湖泊的地区，海潮能则集中在沿海区域，地热能主要集中在地壳板块边缘地带，这些都具有明显的地域特征，在我国广大农村地区的推广效果极为不均衡，而当前风力发电和太阳能光伏发电的使用还存在一些技术障碍，也存在能量密集度低、间歇性和波动性等较多局限，相对而言，沼气是微生物发酵产生的可燃气体，是一种分布广泛且廉价的分布式能源，其发电技术和燃料电池技术为偏远的农村地区提供了较多便利。我国的沼气主要为农村实用的沼气池，这使得以沼气为代表的生物能在我国农村地区成为清洁能源的主力军。与此同时，沼气在我国的使用年份较早，应用范围较广，管理和使用技术相对较为成熟，是我国解决养殖场污染问题的重要手段，从而成为农村绿色发展的重要推力。因此，本书考虑将清洁能源的使用情况作为农村绿色发展的重要影响因素，并以农村沼气池产气量作为清洁能源使用情况的代理变量，用符号"Cle"表示。

（4）环境卫生。早期盲目追求增产结果而忽视生产过程的做法，在很大程度上带来低效率的同时，也引发了一系列的环境问题，尤其是在农村地区，对环境污染的重视程度不够，导致农村生态出现危机。为此，近年来，上至中央下至地方政府，都在不断倡议农村污染治理，并将农村环境保护作为打造生态宜居乡村、助推乡村振兴的重要途径。在这一背景下，环境卫生成为衡量农村绿色发展的重要指标，也是决定农村发展能否保持绿色属性的重要影响因素。根据农村绿色发展的内涵界定与特征描述，拥有良好的环境卫生将直接影响农村地区的绿色成分，否则农村发展将不再具有绿色特征，因而提高农村地区污染防治力度和环境保护力度，是确保农村发展绿色化的重要标准。在农村卫生治理项目中，秸秆焚烧和生活污水排放等具有一定的区域性，相对而言，厕所卫生在农村地区的环境保护中成为一个普及项目。因此，本书以农村卫生厕所普及率作为农村环境卫生的代理指标，用符号"Env"表示。

（5）交通发展。古往今来，举凡拥有交通枢纽或者重要港口的城市，都成为地区经济发展的重镇，交通发展程度通过加快贸易交流来提高经济的活跃度，因而农村地区的交通发展水平成为影响农村绿色发展的重要因素。在农村地区，过去受限于交通闭塞等，农产品的市场活跃程度相对较低，大多数农产品主要满足自给自足的需要或集中在本地区小范围内进行交易，市场需求不足导致农产品的供给受限，农作物产量也缺乏提高的外在动力。但近年来，农村交通环境得到极大的改善，有利的外部条件促使农产品结构更加丰富、产量更加庞大，农民收入得到较大提升，农村经济得到快速发展。由此可见，结构丰富、产量庞大的农产品需要外销到其他地区，就必须配备良好的交通条件，"要大富，修大路"的标语也因此写进了广大农村的大街小巷。基于此，本书选用交通运输、仓储和邮政业生产总值作为交通发展的代理指标，用符号"Tran"表示，数据来源于《中国农村统计年鉴》。

（6）教育素质。我国当前农村发展过程中出现的环境污染相关问题，除了过度使用高污染、高排放的不可再生资源以外，还包括部分农民存在典型的经济人特征而做出的随意倾倒垃圾、排放污水等举动。事实上，相对城市居民而言，靠天吃饭、自给自足等是农民的典型生活方式，但也是这种长期的方式养成了大多数农民散漫的生活习性，也淡化了其环境保护意识，利己主义和排他心理又会进一步带来更为普遍的农村卫生问题，这些都在较大程度上阻碍了农村发展的绿色属性，降低了农村发展的效率。由此可见，若要实现农村绿色发展，则必然要求农业活动的参与者应该具备较高的素质，而教育是提高素质最直接、最重要的方式。因此，本书用"农村人口初中以上学历的比重"作为受教育程度的代理变量，用符号"Edu"表示。

4.2.2 内显变量的选择与说明

农村地区实现绿色发展将进一步带来更多的社会影响，主要表现在提高农业技术和争取财政资金两个方面。因而在考虑MIMIC模型的内显变量时，本书尝试从农业技术和农业政策支持力度两个方面考虑农村绿色发展可能引致的经济结果。

（1）农业技术。根据力争高效特征，农村绿色发展不仅应该具备绿色可持续发展的基本要求，还需要在投入产出方面达到更高标准。这就表明农村地区依靠高投入来维持的传统粗放式农业生产模式将得到全面改革，需要更加注重对农业技术的合理使用，并在有限的农业资源下实现农业产出的极大化，也即不断提升农业技术，因而农业技术可以作为农村绿色发展的内显变量。我国当前农业技术包含的范畴较广，主要涉及贯穿农业生产产前、产中和产后的全过程的试验、示范、培训、指导和咨询服务等，包括农林牧渔业的科研成果和实用技术，具体涉及栽培种植、施肥防虫、加工保鲜、储藏运输、水利修复、水土改良、资源利用、环境保护、航空气象和经营管理等技术。从量化角度来看，传统的农业技术常用农用机械总动力或者农业专利技术来衡量，但由于农业机械总动力在表 3.1 中已作为衡量农村绿色发展的基础性指标，而农业专利技术在数据可操作性层面存在一些缺陷，因而本书将节水灌溉面积（公顷）作为农业技术的代理变量，用符号"Eff"表示。

（2）农业政策支持力度。除了农产品增产和农民增收，农村绿色发展的另一个重要表现形式就是可以获取更多的政府财政支持，尤其是在农村地区基础设施项目建设和惠农政策推行过程中，农村绿色发展良好的地区更容易获取政府财政补贴。事实上，我国历年对"三农"问题都非常重视，对农村地区的财政支持力度也较大。进入 21 世纪以来，我国推行的良种补贴、种粮直补、农资综合补贴和农机购置补贴构成的"四补贴"政策，以及随后推出的"托市政策"（粮食最低收购价、主要农产品临时收储政策）和一系列的农业补贴条例，确实成了惠农的主要手段。但这些惠农政策也存在一些矛盾和问题，一方面增加了国家财政的负担，另一方面也使得部分农民拿着农业补贴去城市就业，而真正耕地种粮的主体又不能享受相应的补贴，从而在较大程度上影响了农民生产的积极性。因此，如何将有限的财政资金应用到急需的领域，换言之，如何在农村地区开展有针对性、有效率的财政支持工作，地区的农村绿色发展程度成为重要的参考因素。基于此，本书将农业政策支持力度设计为农村绿色发展的第二个内显变量，具体是采用对农业的财政支出占地区生产总值的比重来衡量农村地区的政策支持力度，用符号"Inv"表示。

6 个外显变量和 2 个内显变量的基础数据，分别来源于中国经济与社会发展统计数据库、国家统计局网站、wind 数据库和历年《中国农村统计年鉴》。考虑到农村改革的重要年份以及数据的可操作性要求，同时为了尽量延长时间长度，本部分实证研究所选择的样本期为 1995—2020 年，部分年份存在数据缺失的情况，采用前后平均的方式补齐。

4.3 基于时序维度的农村绿色发展测度研究

4.3.1 指标的平稳性检验

由于 MIMIC 模型要求各变量均是平稳的，因而本书首先对各变量进行平稳性检验，结果如表 4.1 所示。发现 *Res* 和 *Eff* 的原始序论是平稳的，其余变量呈现出显著的非平稳特征，为此对 Lab、Cle、Env、Tran、Edu 和 Inv 进行一阶差分，ADF 和 PP 检验的结果发现这些差分项均显著平稳，因而可以进行 MIMIC 模型的估计分析。

表 4.1 指标的平稳性检验结果

变量	ADF 检验		PP 检验	
	(C, 0, 0)	(C, 0, 1)	(C, 0, 0)	(C, 0, 1)
Res	−9.326 5***		−9.173 2***	
Lab	−0.586 4	−3.216 3**	−0.526 9	−3.176 2**
Cle	−1.936 2	−3.712 2**	−1.776 3	−3.302 9**
Env	−0.820 5	−4.069 3***	−0.168 3	−5.720 6***
Tran	−1.422 5	−2.225 8*	−1.932 5	−2.132 5*
Edu	−2.039 1	1.137 2*	−2.175 2	−1.639 5*
Eff	−4.007 2***		−4.228 8***	
Inv	−1.885 9	−4.002 9***	−1.202 5	−6.721 4***

注：括号内为估计参数的标准误；"*""**""***"分别表示在10%、5%、1%的水平下通过显著性检验。

4.3.2 MIMIC 模型估计

根据外显变量与内显变量的选择方案，本书设定测度农村绿色发展的 MIMIC 模型的初始状态为"6-1-2"形式。同时根据 MIMIC 模型路径参数的构建原则，选定农村绿色发展到 Eff 的路径参数 φ_{11} 为 1，Inv 的路径参数用 φ_{12} 表示。MIMIC 模型的初始状态如图 4.1 所示。

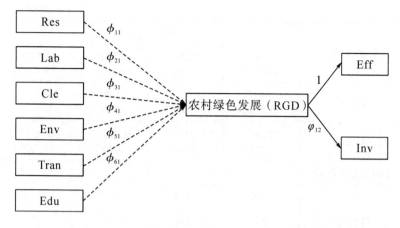

图 4.1 农村绿色发展估计的"6-1-2"MIMIC 模型

根据图 4.1 的方案，首先对"6-1-2"MIMIC 模型进行拟合估计，结果如表 4.2 所示。发现 ΔLab 没有通过显著性检验，同时 AGFI、RMSEA、CFI 等统计量也不理想。为此，根据统计显著性大小对各个变量进行适当删减，结果发现保留 ΔCle、ΔEnv 和 ΔEdu 三个外显变量的"3-1-2"MIMIC 模型最为理想，三个外显变量均通过显著性检验，同时模型的各统计量也较为理想，因而本书最终采用"3-1-2"MIMIC 模型进行拟合估计。

表 4.2 农村绿色发展的 MIMIC 模型拟合结果

外潜变量	MIMIC 模型			
	MIMIC (6-1-2)	MIMIC (5-1-2)	MIMIC (4-1-2)	MIMIC (3-1-2)
Res	-0.002* (0.001)	-0.003** (0.001)		
ΔLab	-0.011 (0.010)			
ΔCle	0.032*** (0.010)	0.042*** (0.010)	0.035*** (0.011)	0.037*** (0.011)
ΔEnv	0.028*** (0.001)	0.003*** (0.001)	0.003*** (0.001)	0.003*** (0.001)

表4.2(续)

外潜变量	MIMIC 模型			
	MIMIC (6-1-2)	MIMIC (5-1-2)	MIMIC (4-1-2)	MIMIC (3-1-2)
ΔTran	0.014** (0.006)	0.012* (0.006)	0.005 (0.007)	
ΔEdu	0.028*** (0.008)	0.029*** (0.008)	0.023*** (0.009)	0.022** (0.009)
模型拟合度指标				
卡方值	51.9	27.2	17.2	11.6
自由度	20	14	9	5
RMSEA	0.093	0.081	0.102	0.042
AGFI	0.878	0.903	0.801	0.937
CFI	0.911	0.925	0.903	0.962

注:括号内为估计参数的标准误;"*""**""***"分别表示在10%、5%、1%的水平下通过显著性检验。

由于清洁能源使用力度、环境卫生和教育素质三个外显变量均是一阶差分平稳的,在拟合 MIMIC 模型时也是以差分形式表示,因而"3-1-2"MIMIC 模型的理论表达式反映的是各个解释变量(外显变量)的相对变化对被解释变量(农村绿色发展)的相对影响程度。从而本书拟合的最优"3-1-2"模型如式(4.4)所示。

$$\Delta RGD = 0.037\Delta Cle + 0.003\Delta Env + 0.022\Delta Edu \qquad (4.4)$$

由式(4.4)可知,ΔCle、ΔEnv 和 ΔEdu 的拟合系数均大于0,说明这些因素都具有加快农村绿色发展速度的作用。从系数估计结果的大小来看,ΔCle 的拟合系数最大,意味着以农村沼气池产气量为代表的清洁能源使用力度,是我国农村绿色发展速度得以加快的主要推力。可能原因在于,农村沼气池的推广一方面通过生物技术降解了沼气池中的有害成分,另一方面也补充了广大农村地区所需要的能源,同时通过提高清洁能源的使用比例,减少了化石能源所带来的污染物排放问题,增添了农村地区的绿色气氛。

将清洁能源使用力度、环境卫生和教育素质三个变量的原始数据代入式（4.4），可得 1997—2020 年我国农村绿色发展变化速度如表 4.3 所示。可以发现，样本期间内我国农村绿色发展整体保持上升的趋势，但增速相对较低，最高增速为 3.62%，最低增速为 −0.57%，平均增速为 1.12%。从增速结果来看，2016 年和 2017 年的增速也出现过下降，可能的原因在于农用机械在这一时期存在推广限制，农用机械总动力出现较大幅度的下滑，同时中央财政用于农林水事务支出的力度也在下降，但由于农药使用量和塑料薄膜使用量从 2015 年开始逐年减少，因而并没有使得农村绿色发展出现负增长。整体而言，表 4.3 的估计结果基本符合我国农村绿色发展的实际，表明基于 MIMIC 模型估计的结果较为准确。

表 4.3　农村绿色发展增长速度的估算结果

年份	RGD 增速/%	年份	RGD 增速/%	年份	RGD 增速/%
1997	0.67	2005	0.82	2013	0.21
1998	0.99	2006	2.06	2014	1.52
1999	1.72	2007	3.17	2015	0.32
2000	0.28	2008	3.62	2016	−0.11
2001	−0.42	2009	−0.57	2017	1.21
2002	0.68	2010	−0.16	2018	1.69
2003	2.71	2011	1.30	2019	1.98
2004	−0.39	2012	0.82	2020	2.82

4.3.3　农村绿色发展的整体估算

表 4.3 给出了农村绿色发展增速的估算结果，本书接下来基于中国农业科学院发布的《中国农业绿色发展报告》，探讨我国农村绿色发展的具体情况，结果如表 4.4 所示。

表 4.4　农村绿色发展的估算结果

年份	RGD	年份	RGD	年份	RGD	年份	RGD	年份	RGD
1996	59.97	2001	61.93	2006	65.63	2011	70.56	2016	72.52

表4.4(续)

年份	RGD	年份	RGD	年份	RGD	年份	RGD	年份	RGD
1997	60.37	2002	62.35	2007	67.72	2012	71.14	2017	73.40
1998	60.97	2003	64.04	2008	70.17	2013	71.29	2018	74.64
1999	62.01	2004	63.79	2009	69.77	2014	72.37	2019	76.12
2000	62.19	2005	64.31	2010	69.66	2015	72.60	2020	78.27

注：各 RGD 的单位为"%"。

从表4.4的估算结果来看，我国农村绿色发展水平在1996—2020年大约经历了三个先增加后减少的倒 U 形过程，第一次倒 U 形的峰值出现在1999年，第二个倒 U 形的峰值大约在2003年，第三次倒 U 形的峰值大约在2008年左右，这分别与我国实施包产到户、包干到户的家庭联产承包责任制，以及大力提倡"两型社会"建设所采取的行动方案具有重要关联。从相对结果来看，样本期间内农村绿色发展整体呈现出逐期上升的趋势，表明我国对"三农"问题的重视并没有停留在理论层面，而是在实践层面推行了较好的规章和制度，我国农村绿色发展的势头良好。

基于表4.4的估算结果可以发现，我国农村绿色发展的整体水平较好，然而也存在一些需要关注的负面冲击因素，因而持续推进农村改革，大力发展现代农业，提高农民可支配收入，仍旧是当前破解"三农"问题的重要经济议题。此外，也要意识到，当前对农村绿色发展的认识存在不足与片面等问题，可能的主要原因之一在于基础数据难以获取，传统的核算方法存在较大误差，因而本章采用了一种MIMIC 模型来解决这一技术难题。同时也表明完善农村绿色发展的核算口径与数据公布制度，可以及早发现农村绿色发展过程中存在的潜在风险，也有助于提高农民地位和政府形象。基于式（4.4）的估算模型可以发现，清洁能源使用情况将有助于推进农村绿色发展，因而进一步研发清洁能源品种，在农村地区大力提升清洁能源使用率，可在一定程度上优化农村生态环境，同时降低农村地区能源获取的成本。进一步，农村绿色发展的重要特征是具有鲜明的绿色属性，因而适度约束不可再生资源的开发，提高生物技术在农业发展中的比例，将成为我国建设生态宜居美丽乡村的重要途径。

4.4 农村绿色发展的周期波动分析

4.4.1 农村绿色发展周期波动的度量方法

学术界已经针对宏观经济周期波动特征展开了大量的研究，并且提出和总结了一系列的研究方法，其中以 Hamilton（1989）提出的 MS 模型最为典型，也在宏观经济领域得到了最为广泛的应用。MS 模型的突出优势在于能够有效模拟时间序列生成过程中的离散变化，进而从阶段转换角度刻画经济变量的波动特征。从表 4.4 的测算结果可以发现，自 2006 年以来，中国农村绿色发展的变动呈现出较为明显的波动趋势，频繁的上升、下降环节表明农村绿色发展在我国历史上带有鲜明的区制转移特征。因此，本部分以 MS 模型来考察中国农村绿色发展波动的动态路径与非线性特征。模型具体形式如下：

$$RGD_t = \mu_t + \varepsilon_t, \quad \varepsilon_t \sim N(0, \sigma_t^2) \tag{4.5}$$

$$\mu_t = \mu_1 S_{it} + \Lambda + \mu_N S_{Nt} \tag{4.6}$$

$$\sigma_t^2 = \sigma_1^2 S_{it} + \Lambda + \sigma_N^2 S_{Nt} \tag{4.7}$$

其中，N 为区制个数（$N = 2,3,4$），S_{it} 为状态变量（$i = 1, 2, \cdots, N$），变量由状态 i 转向状态 j 的概率为 $P_{ij} = P_r(S_{jt} \mid S_{i(t-1)})$，状态 i 的期望时长为 $1/(1 - p_{ii})$。

4.4.2 农村绿色发展的周期波动特征

通常情况下，宏观经济周期的阶段划分可以有上升、下降为主要特征的两阶段，也可以有平稳、缓慢和快速为主要特征的三阶段，还可以有繁荣、衰退、萧条和复苏为主要特征的四阶段，然而无论是划分为两阶段还是三阶段或是四阶段，都存在较大的主观性。本部分将同时考察以上三种阶段方式，希冀减少主观划分方式所带来的偏差。本部分的实证软件采用的是 Oxmetrics，同时为降低估计偏误，采用极大似然估计来解决模型参数的拟合问题。

图 4.2—4.4 分别描述了三种区制情形下农村绿色发展区制转移的平滑概率。其中，图 4.2 上、下两部分各自对应农村绿色发展上升与

下降的平滑概率结果，图 4.3 上、中、下三部分依次对应农村绿色发展平稳、缓慢与快速的平滑概率结果，图 4.4 自上而下四部分则依次对应农村绿色发展处于衰退、萧条、复苏和繁荣阶段的平滑概率结果。

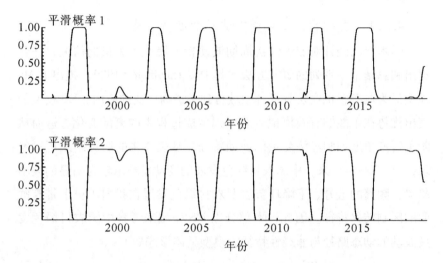

图 4.2　农村绿色发展两区制划分的平滑概率结果

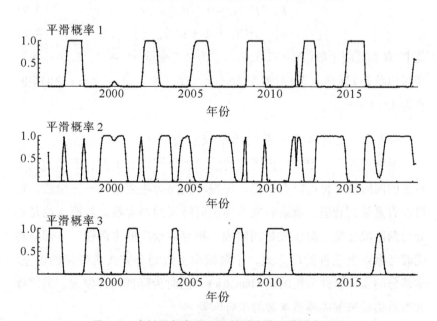

图 4.3　农村绿色发展三区制划分的平滑概率结果

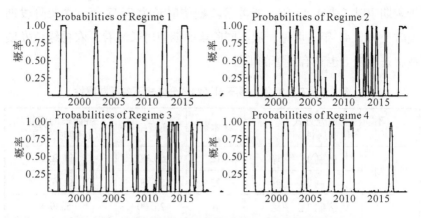

图 4.4　农村绿色发展四区制划分的平滑概率结果

根据图 4.2—4.4 可以发现，三种区制状态下的 MS 模型均能显著刻画农村绿色发展的阶段转换情况，整体来看，各区制间的转换过程非常清晰，且不同状态维持原状的概率非常高，体现了各状态较难被打破，但也意味着不同状态转换速度非常快，会出现比较明显的陡升陡降的特征。进一步从状态维持概率来看，图 4.2 刻画的两区制模型中，上升与下降维持原有状态的概率分别为 0.935 2 和 0.968 1；图 4.3 刻画的三区制模型中，平稳、缓慢和快速维持原有状态的概率分别为 0.898 7、0.903 6 和 0.884 9；图 4.4 刻画的四区制模型中，衰退、萧条、复苏、繁荣维持原有状态的概率分别为 0.882 5、0.893 7、0.921 0 和 0.852 7。这意味着在缺乏外在干预的前提下，我国农村绿色发展会呈现出较为明显的稳态特征，在样本期间内较为平稳，但当外部监管举措出台以后，农村绿色发展则会迅速进入一个新的阶段，由此说明我国农村绿色发展的波动风险很难自行消除，适当的外部监管举措将变得十分有效。

根据三种状态下农村绿色发展的样本数以及维持概率，可得农村绿色发展在二区制、三区制、四区制中各阶段相应的期望时长（如表 4.5 所示）。在两区制划分方式中，下降阶段期望时长为 11.22 年，上升阶段期望时长为 11.62 年；在三区制划分方式中，平稳阶段期望时长为 5.39 年，缓慢阶段期望时长为 9.04 年，快速阶段期望时长为 7.08 年；在四区制划分方式中，衰退阶段期望时长为 6.18 年，萧条阶段期望时长为 4.47 年，复苏阶段期望时长为 7.37 年，繁荣阶段期望时长为 3.41 年。可见，从不同阶段的期望时长来看，农村绿色发展在状态转换上也具有显著的惯性。

表 4.5 农村绿色发展不同区制划分方式下各区制属性

不同区制划分方式下各区制属性		样本数	转换概率/%	各阶段的期望持续时长/年
两区制	区制 1：下降	12	50.00	11.22
	区制 2：上升	12	50.00	11.62
三区制	区制 1：平稳	6	25.00	5.39
	区制 2：缓慢	10	41.67	9.04
	区制 3：快速	8	33.33	7.08
四区制	区制 1：衰退	7	29.17	6.18
	区制 2：萧条	5	20.83	4.47
	区制 3：复苏	8	33.33	7.37
	区制 4：繁荣	4	16.67	3.41

从表 4.5 计算出来的转换概率来看，两区制划分结果显示农村绿色发展呈现出下降的概率为 50%，而处于上升的概率也为 50%，表明我国农村绿色发展整体表现出不断波动的趋势，这与表 4.4 估计的结果是一致的。从三区制转换概率计算的结果可以发现，我国农村绿色发展处于平稳状态的概率是最低的，最有可能是出现缓慢上升的趋势，这与表 4.3 计算出来的平均增速是一致的。从四区制转换概率计算的结果可以发现，当前农村绿色发展不太可能出现在萧条或者繁荣阶段，但更有可能表现为衰退或者复苏阶段，也即农村绿色发展表现出更为明显的复苏或者衰退状态，这与我国当前针对农村绿色发展所采取的审慎监管举措和风险应对方案具有较大关联。

综合来看，不管是二区制、三区制还是四区制阶段划分结果都表明，我国农村绿色发展呈现出显著的周期性波动趋势，农村绿色发展在样本期内具有显著的上升、下降特征。但同时也发现，农村绿色发展周期波动较为明显，在外在干预下整体表现为相对稳定且具有逐级上升的缓慢趋势，因而从长远来看，农村绿色发展的缓慢集聚也将表现出一定的风险隐患，需要得到持续关注。

4.5 农村绿色发展的时序特征分析

4.5.1 指标的平稳性检验

进一步地，本部分从省级层面对农村绿色发展的时序特征展开了实证分析。同样 MIMIC 模型要求变量是平稳的，而根据 ADF 统计量的结果来看，几乎所有变量在一阶差分以后都保持了良好的平稳性，因而采用各变量的一阶差分项来建模。

同样基于前面选取的 6 个外显变量和 2 个内显变量来估计 1 个潜变量，故首先设置"6-1-2"的 MIMIC 模型，然后依据变量显著性和模型检验结果，逐步调整纳入模型中的变量，最终得到全国 30 个省际农村绿色发展核算的 MIMIC 模型，具体如表 4.6 所示。

表 4.6 同时给出了 MIMIC 模型估计结果的卡方值和自由度，以及保证变量通过显著性检验的农村绿色发展到农业技术的路径参数（RGD→Eff）、农村绿色发展到农业政策支持力度的路径参数（RGD→Inv）和模型的迭代限制次数。为了提高变量估计精度与模型收敛估计完成效率，本书针对不同地区模型拟合结果，适当调整 RGD→Eff 和 RGD→Inv 的路径参数，见表 4.6 的第 10、11 列；同时为提高卡方值和参数估计的准确性，将初始迭代限制次数设置为 2 000 次，当标准化或非标准化估计值模型图无法准确识别时，再适当调整迭代限制次数，直至估计完成，实际调整次数见表 4.6 最后一列。

表 4.6 估计的结果显示，大部分地区对农村绿色发展绩效的估计需要同时考虑六个外显变量，从而验证了本书对纳入 MIMIC 模型变量考虑的合理性。

4.5.2 农村绿色发展速度的统计识别

由于在拟合 MIMIC 模型时采用了变量的差分项，这意味着表 4.6 的测算模型反映的是变量的相对影响程度，因而将数据代入表 4.6 的模型中，可得农村绿色发展的增速，具体如表 4.7 所示。

表 4.6　30 个省际农村绿色发展的 MIMIC 核算模型

地区	ΔCle	ΔEnv	ΔTran	ΔLab	ΔEdu	ΔRes	卡方	自由度	RGD→Eff	RGD→Inv	迭代次数
北京	-0.098***	0.919***	-0.051***	-2.144***	-0.331***	-0.148***	344.8	26	1	—	2 000
天津	-0.046***	0.247***	-0.188***	0.100***	0.142***	0.027***	303.9	26	1	—	2 000
河北	—	-0.082***	-0.223***	-0.444***	-0.717***	0.005**	314.8	19	1	—	2 000
山西	—	—	—	1.280***	-0.129***	0.010***	147.2	8	1	—	2 000
内蒙古	-0.016***	-0.027***	0.016***	0.156***	-0.062***	0.005***	333	26	1	—	50
辽宁	0.016***	-0.080***	-0.033***	0.098***	-0.057***	-0.004***	303.5	26	1	—	2 000
吉林	-0.096***	0.124***	-0.310***	-1.934***	0.276***	-0.006***	342.6	26	1	—	2 000
黑龙江	-0.030***	0.098***	0.032***	0.057***	0.228***	-0.002***	320.3	26	1	—	2 000
上海	—	-0.051***	-0.010***	0.016***	-0.002***	-0.003***	340	19	1	—	2 000
江苏	—	-0.057***	0.005***	—	-0.035***	-0.006***	226.1	13	1	—	2 000
浙江	-0.018***	0.216***	0.072***	-0.701***	-0.067***	0.011***	350	26	1	—	100
安徽	0.009***	-0.128***	-0.555***	1.809***	0.309***	0.006***	342.3	26	1	—	2 000
福建	—	-0.155***	-0.047***	-0.367***	0.553***	—	316.8	13	1	—	100
江西	-0.004***	-0.025***	-0.036***	0.980***	0.115***	0.002***	316.9	26	1	—	2 000
山东	-0.002***	0.033***	0.009***	-0.010***	0.004***	-0.001***	360.1	26	1	—	2 000
河南	0.030***	0.040***	0.279***	-1.009***	—	-0.001*	245.5	19	1	—	2 000

表4.6(续)

地区	ΔCle	ΔEnv	ΔTran	ΔLab	ΔEdu	ΔRes	卡方	自由度	RGD→Eff	RGD→Inv	迭代次数
湖北	0.046***	-0.109***	—	1.903***	-0.216***	—	237.9	13	1	—	2 000
湖南	0.023*	0.782***	0.584***	1.706***	1.278***	0.015***	349.2	26	—	1	2 000
广东	0.110***	-0.119***	-0.153***	1.313***	-0.258***	0.040***	330	26	—	1	2 000
广西	-0.217***	0.523***	-0.727***	-4.456***	5.125***	—	317	19	—	1	2 000
海南	-0.031***	0.202***	0.412***	-3.989***	6.162***	—	334.8	19	—	1	2 000
重庆	-0.128***	-0.652***	-0.249*	1.974*	-2.273***	-0.095***	305.3	26	—	1	2 000
四川	—	0.017***	-0.106***	-0.238***	0.513***	0.005***	299.4	19	—	1	2 000
贵州	—	—	-0.063***	5.546***	-4.272***	-0.057***	252.5	13	—	1	2 000
云南	0.075***	0.542***	0.283***	—	-0.859***	—	191.3	13	—	1	2 000
陕西	0.008***	0.007***	0.085***	0.035***	0.084***	0.005***	296.8	26	1	—	2 000
甘肃	0.024***	-0.021***	0.027***	-0.485***	-1.672***	-0.001*	330.4	26	1	—	2 000
青海	-0.010***	-0.011***	-0.112***	0.064***	-0.299***	0.001***	323.6	26	1	—	2 000
宁夏	-0.005***	-0.015***	-0.121***	0.425***	-1.474***	—	343.1	19	1	—	2 000
新疆	0.012***	0.168***	-0.079***	0.513***	1.650***	0.005***	312.9	26	1	—	100

注：① "***""**""*"分别表示拟合系数在1%、5%、10%的显著性水平下通过检验。

②限于篇幅，MIMIC模型其他检验结果未给出。

表 4.7 2009—2020 年省际农村绿色发展增速及年均增速

地区	2009年	2010年	2011年	2012年	2013年	2014年	2015年	2016年	2017年	2018年	2019年	2020年	年均
北京	0.025	0.023	0.051	0.003	0.053	0.100	0.026	-0.058	-0.033	0.131	-0.011	0.100	0.034
天津	-0.015	-0.105	0.021	-0.030	0.029	0.004	0.001	0.034	0.015	0.045	0.028	-0.030	0.000
河北	0.010	-0.032	-0.023	-0.027	-0.018	-0.039	0.017	0.012	0.033	0.011	-0.021	-0.002	-0.007
山西	0.030	-0.056	0.069	-0.028	-0.033	0.006	0.025	0.014	0.006	0.043	-0.045	0.032	0.005
内蒙古	0.001	-0.049	-0.014	0.000	0.015	0.000	0.004	0.007	-0.011	-0.003	-0.002	-0.002	-0.004
辽宁	0.004	0.052	-0.001	0.010	-0.007	0.001	0.000	0.003	-0.005	0.005	-0.002	-0.005	0.005
吉林	-0.027	-0.022	0.014	-0.024	0.025	-0.025	-0.008	-0.024	-0.007	0.022	0.042	-0.083	-0.010
黑龙江	-0.001	0.018	0.027	0.002	0.016	-0.007	-0.017	-0.015	0.026	0.013	0.005	-0.017	0.004
上海	0.001	0.000	-0.003	0.003	0.002	0.002	0.000	0.004	-0.003	0.003	-0.003	-0.002	0.000
江苏	0.003	0.004	-0.004	0.003	0.003	0.001	0.000	0.000	-0.005	0.003	0.000	-0.001	0.001
浙江	-0.005	0.005	-0.002	-0.006	0.011	-0.024	-0.020	-0.023	0.000	-0.014	-0.024	0.007	-0.008
安徽	0.032	-0.020	-0.003	-0.002	0.023	0.045	0.018	-0.021	0.013	0.055	0.039	0.014	0.016
福建	-0.004	-0.028	-0.031	-0.006	0.001	0.005	0.023	0.008	-0.034	-0.005	-0.004	0.017	-0.005
江西	-0.004	-0.009	0.021	0.015	0.007	0.050	0.021	0.032	0.017	-0.003	0.029	-0.001	0.015
山东	0.000	0.003	0.004	0.001	0.000	0.001	0.000	-0.002	-0.002	-0.001	-0.001	0.000	0.000

表4.7（续）

地区	2009年	2010年	2011年	2012年	2013年	2014年	2015年	2016年	2017年	2018年	2019年	2020年	年均
河南	-0.017	0.025	-0.015	-0.012	-0.031	0.025	0.009	-0.013	0.040	0.060	-0.002	-0.007	0.005
湖北	0.024	0.038	0.037	0.026	-0.010	0.060	0.042	0.043	0.000	0.010	0.025	-0.032	0.022
湖南	-0.013	0.015	0.233	-0.027	0.008	0.023	0.116	-0.050	0.094	0.030	0.042	-0.045	0.036
广东	-0.112	-0.052	0.010	0.012	-0.052	0.050	-0.021	-0.006	0.045	-0.012	-0.038	0.024	-0.013
广西	-0.114	-0.188	0.133	-0.105	0.084	0.086	-0.179	-0.028	-0.091	0.101	-0.079	-0.024	-0.034
海南	0.024	0.025	0.126	0.042	-0.074	-0.002	0.030	0.125	-0.034	0.006	0.051	0.033	0.029
重庆	0.153	0.090	0.008	-0.083	-0.155	0.004	0.267	0.014	-0.211	-0.011	0.024	0.013	0.009
四川	0.042	-0.006	-0.013	0.017	-0.006	0.006	0.012	-0.001	0.019	-0.013	0.010	0.020	0.007
贵州	-0.017	0.190	0.106	-0.006	-0.143	-0.195	-0.018	-0.056	0.009	0.093	0.068	0.072	0.009
云南	0.064	0.103	0.271	-0.076	-0.009	0.024	-0.080	0.047	0.047	0.048	0.111	-0.007	0.045
陕西	0.001	-0.023	0.004	-0.012	-0.005	-0.011	0.012	-0.003	0.007	-0.008	-0.004	-0.011	-0.004
甘肃	-0.021	-0.025	0.001	0.006	-0.014	-0.025	-0.027	0.000	0.011	-0.005	0.014	0.007	-0.007
青海	0.000	-0.032	0.002	-0.012	-0.008	0.002	0.005	-0.005	-0.010	-0.004	0.006	0.013	-0.004
宁夏	-0.002	-0.009	0.013	-0.007	-0.009	-0.007	0.005	0.000	-0.009	-0.001	0.000	0.018	-0.001
新疆	-0.056	-0.011	0.092	-0.020	-0.025	-0.015	-0.022	-0.015	0.052	0.048	-0.001	-0.006	0.002

由表 4.7 可以看出，在样本期间内，有 16 个地区农村绿色发展年均增速大于 0，有 3 个地区农村绿色发展年均增速为 0，有 11 个地区农村绿色发展年均增速为负数，全国地区间农村绿色发展增速的平均值为 0.7%，表明我国农村绿色发展整体呈现出缓慢上升的态势，这与表 4.3 的估计结果一致。从省际层面的农村绿色发展增速来看，云南等地区的农村绿色发展增速相对较快，其次是北京和湖南等，广西农村绿色发展年均增速最慢，为 -0.034，表明广西农村绿色发展以年均 3.4% 的速度在减少，体现出广西在推动农村绿色发展增速方面还需要进一步努力，其次是广东和吉林等地区。表 4.7 的估计结果表明我国地区间农村绿色发展呈现出异质性的增长特征，并且这种异质特征在东部、中部和西部地区均成立。

4.5.3 基于不同分位点的农村绿色发展时序特征分析

由表 4.7 的结果可以发现，不同省（区、市）的农村绿色发展增速存在明显差异，那么从省域角度来看，不同阶段的农村绿色发展在影响农村经济增长方面是否存在显著区别。为探讨农村绿色发展不同阶段对农村地区经济的影响，本书借助分位数回归思想探讨了农村绿色发展在不同规模阶段的可持续性。本书分别设计了两组控制变量，第一组是基于 C—D 函数的理论架构，设置技术进步（Tech）、人力资本（Lab）、投资（Invest）为控制变量，第二组是引入城市化率（Urb）、对外开放度（Open）和交通发展（Tran）作为控制变量。其中，技术进步选取的是国内专利申请授权量；结合学术界常见的做法，人力资本选用的是普通高等学校在校学生数；考虑到数据来源可行性以及地区投资主要体现为政府行为，投资指标选用的是地方财政一般预算支出；城市化率选用的度量指标是城市人口在总人口中的占比，对外开放度采用的是进出口总额与 GDP 的比值（进出口总额用人民币兑美元汇率进行折算），交通发展指标选用长途光缆线路长度作为代理指标。以上指标的数据来源于本书前一部分估算的结果和历年中国统计年鉴，所使用的样本数据是我国 30 个省（区、市）2007—2019 年的相关数据（不包含西藏和港澳台地区数据）。分位数回归的具体结果如表 4.8 所示。

从表4.8的估计结果来看，农村绿色发展独立影响经济增长的系数随着分位点的提高也在不断增大，表明随着规模提升，农村绿色发展对农村地方经济增长的影响效应也在不断加强，这体现出当前农村绿色发展对经济增长的正向效应。结合不同分位点的估计系数可知，农村绿色发展遏制经济增长的拐点还没有明显迹象，当前农村绿色发展存在可持续性。

在包含第一组控制变量的回归结果中，lnGRD系数随着分位点的提高出现下降趋势，且均通过显著性检验，这一方面佐证了C—D函数在我国的适用性，另一方面也表明农村绿色发展也是经济增长的重要推动力。在包含第二组控制变量的回归结果中，lnGRD系数在0.25分位点处为正但不显著，由此验证了农村绿色发展在低速增长阶段对经济增长缺乏有效促进作用。lnGRD系数在0.5分位点和0.75分位点处均呈现出显著为正的特征，且分位点越高，估计系数越大，表明我国当前农村绿色发展的可持续性较强。

表4.8 农村绿色发展可持续性的不同分位点估计结果

变量	0.25分位点			0.5分位点			0.75分位点		
lnGRD	1.053***	0.127***	0.109	1.152***	0.222***	0.145	1.210***	0.271***	0.216**
lnTech		0.026			0.137***			0.167***	
lnLab		0.253***			0.185***			0.111**	
lnInvest		0.589***			0.468***			0.636***	
Urb			2.176***			2.552***			2.600***
Open			0.401***			0.356***			0.412***
Tran			0.179***			0.215***			0.235***
N	390	390	390	390	390	390	390	390	390

注："***""**""*"分别表示拟合系数在1%、5%、10%的显著性水平下通过检验。

4.6 本章小结

本章通过选取农村保护、农村劳动力、清洁能源使用力度、环境卫生、交通发展、教育水平六个外显变量，以及农业技术和农业政策支持力度两个内显变量，构建了农村绿色发展成因的多指标多因果MIMIC模型，以中国农业科学研究院的研究结果为依据，对全国

1996—2020 年和各省域 2009—2020 年的农村绿色发展水平进行了统计核算。主要研究结论如下：①通过设计反映农村绿色发展形成原因、以及农村绿色发展影响结果的 MIMIC 模型，可以有效解决传统分类核算方法面临的统计口径定位不明、样本量偏小等难题，得出的结论基本符合我国实践。②从全国层面来看，我国农村绿色发展绩效呈现出三个先增加后减少的双倒 U 形特征，其历史高位大约出现在 1996 年、2003 年和 2015 年，随着经济发展、污染治理和资源利用等手段和规章制度的完善，农村绿色发展绩效将逐期提升。③从经济周期波动视角得到的结论发现，我国农村绿色发展呈现周期性上升的趋势，在样本期内的上升与下降特征都十分显著，但在外在干预下整体表现为相对稳定且具有逐级上升的缓慢趋势，从长远来看，农村绿色发展的缓慢集聚也将表现出一定的风险隐患，需要得到持续关注。④农村绿色发展能积极推动地区经济增长，尤其是当地区的农村绿色发展处于较高水平时，这种推动效应更加明显。

基于上述结论可以发现，我国农村绿色发展绩效形势较好，但也存在一些敏感性诱因，因而有效解决"三农"发展面临的瓶颈问题，积极推进农村绿色发展，仍旧是当前乡村振兴战略的重要突破口，可以从三个方面予以重点考虑。第一，对农村绿色发展的认识存在不足与片面等问题，主要原因在于基础数据难以获取，因而完善农村绿色发展统计核算边界和基础数据公布制度，可以及早发现农村绿色发展过程中的潜在风险，也有助于提高农民地位和政府形象。第二，大力研发清洁能源技术，推广清洁能源在农村地区使用的广度和深度，将有助于提升农村绿色发展水平。第三，农村绿色发展也将反作用于农村地区的经济发展水平，尽管环境保护和绿色资源投入会挤占支持"三农"的财政资金，但实证结果表明其积极作用要优于消极作用，当前的农村绿色发展模式仍然存在较强的可持续性。

5　基于空间维度的农村绿色发展研究

第 3 章和第 4 章分别从结构维度和时序维度出发，检验并分析了农村绿色发展的基本特征和时序规律。但我国农村面积较大，并且我国城乡结构基本表现为以城市为中心，农村分布在周围的地理特征，这使得不同省市农村边界线存在较大相邻，由此增加了农村地区的空间联系。此外，农村发展的异质性因素直接决定了不同地区农村绿色发展的空间分异（马晓东 等，2022），因而有必要在重视经济地理学的基础上展开农村绿色发展特征的区域差异与时空格局演变分析，才能为我国切实推进乡村振兴战略总结演化经验，并寻找振兴规律。因此，本章从空间维度出发，分析了农村绿色发展与经济增长的空间关联性，探究了其区域分布与空间溢出效应，以此来研究农村绿色发展的省域特征。

5.1　农村绿色发展的空间特征评价方法

5.1.1　已有研究方法的梳理

在分析空间关联性的研究方法中，面板数据模型是最基本的考虑（程钰，2019）。此外，学术界还倾向于采取空间计量模型并结合 Moran'I 指数进行具体分析，但在具体实施环节存在一些差异。目前主要有三种思路：其一是以程莉和左晓祺等为代表的学者采用空间自相关分析方法和绝对收敛空间计量模型展开研究（程莉 等，2020）；其二是采用基于反地理距离权重矩阵的动态空间杜宾模型进行时空效应的分析（郭付友 等，2020；杨明洪 等，2022）；其三是借助泰尔指数来描绘农村绿色发展的区域间差异和区域内差异（马晓东 等，2022）。

1. 空间自相关分析和绝对收敛空间计量模型法

空间自相关分析是采用全局和局域 Moran'I 指数来检验农村绿色发展是否存在空间关联特征。全局 Moran'I 指数的基本公式可以表达如下：

$$I = \frac{\sum\limits_{i=1}^{n} \sum\limits_{j=1}^{n} w_{ij}(x_i - \bar{x})(x_j - \bar{x})}{s^2 \sum\limits_{i=1}^{n} \sum\limits_{j=1}^{n} w_{ij}} \qquad (5.1)$$

经过标准化之后，式（5.1）可以调整为式（5.2）所示：

$$I = \frac{\sum\limits_{i=1}^{n} \sum\limits_{j=1}^{n} w_{ij}(x_i - \bar{x})(x_j - \bar{x})}{\sum\limits_{i=1}^{n} (x_i - \bar{x})^2} \qquad (5.2)$$

局域的 Moran'I 指数公式为

$$I = \frac{(x_i - \bar{x})}{s^2} \sum\limits_{j=1}^{n} w_{ij}(x_j - \bar{x}) \qquad (5.3)$$

其中，w_{ij} 为空间权重矩阵，s^2 为样本方差。

对应的统计检验量为

$$Z = \frac{I - E(I)}{\sqrt{Var(I)}}, \ E(I) = \frac{-1}{n-1} \qquad (5.4)$$

通常情况下，Moran'I 指数的结果处于 [-1，1]。当 Moran 指数大于 0 时，表明农村绿色发展在不同区域间呈现较为明显的正向空间自相关特征，也即农村绿色发展指数具有高高聚集和低低聚集的趋势；当 Moran'I 指数小于 0 时，表明农村绿色发展在不同区域间呈现较为明显的负向空间自相关特征，也即农村绿色发展指数具有显著的空间异质性；当 Moran'I 指数小于 0 时，表明农村绿色发展不存在明显的空间关联性。

在空间效应分析框架中，通常还可以引入经典的贝塔绝对收敛来分析农村绿色发展的收敛或发散属性特征。以空间杜宾模型为基准，空间收敛性检验公式如式（5.5）所示。

$$\ln(\frac{\mathrm{RGD}_{i,\,t+1}}{\mathrm{RGD}_{i,\,t}}) = \rho \sum_{j=1}^{n} w_{ij}\ln(\frac{\mathrm{RGD}_{i,\,t+1}}{\mathrm{RGD}_{i,\,t}}) + \beta\ln\mathrm{RGD}_{i,\,t} +$$

$$\lambda \sum_{j=1}^{n} w_{ij}\ln\mathrm{RGD}_{i,\,t} + u_i + v_t + \varepsilon_{i,\,t} \qquad (5.5)$$

式（5.5）中，$\mathrm{RGD}_{i,\,t}$ 和 $\mathrm{RGD}_{i,\,t+1}$ 分别表示第 t 年和第 $t+1$ 年第 i 个地区的农村绿色发展水平，β 为收敛性判断系数，w_{ij} 为空间权重矩阵。

2. 基于反地理距离权重矩阵的动态空间杜宾模型

部分学者考虑到农村绿色发展的空间关联性会随着两个地区地理距离的增加而减少，这意味着距离越远的两个地区在空间权重矩阵中的权重更小。因此，可以构建如下反地理距离空间权重矩阵：

$$w_{ij} = \begin{cases} 1/d_{ij}, & i \neq j \\ 0, & i = j \end{cases} \qquad (5.6)$$

其中，d_{ij} 为两个地区之间的空间距离。基于上述设计的反地理距离空间权重矩阵，可以设计农村绿色发展的动态空间杜宾模型：

$$\mathrm{RGD}_{i,\,t} = \rho \sum_{j=1,\,j\neq i}^{n} w_{ij}\mathrm{RGD}_{i,\,t} + \alpha\mathrm{RGD}_{i,\,t-1} + \beta X_{i,\,t} + \theta \sum_{j=1,\,j\neq i}^{n} w_{ij}X_{i,\,t} + \varepsilon_{i,\,t}$$

$$(5.7)$$

$$\varepsilon_{i,\,t} = w \sum_{j=1,\,j\neq i}^{n} w_{ij}\varepsilon_{i,\,t} + \mu_{it} \qquad (5.8)$$

其中，$\mathrm{RGD}_{i,\,t}$ 表示农村绿色发展水平，$X_{i,\,t}$ 表示系列解释变量，$\varepsilon_{i,\,t}$ 为残差项，$W_{i,\,t}$ 为空间权重矩阵。ρ、β、θ、w 分别表示空间自相关系数、核心解释变量与控制变量的系数、核心解释变量与控制变量的空间滞后项系数、空间自相关系数。

3. 泰尔指数法

泰尔指数在对指数进行分解从而寻找其特征差异方面得到了广泛应用。而通过泰尔指数分解农村绿色发展的差异方法，也有助于了解农村绿色发展在各区域存在差异的来源。基本的泰尔指数可设计如下：

$$\mathrm{Theil} = \mathrm{Theil}_W + \mathrm{Theil}_B = \sum_{i=1}^{m} (\frac{n_i}{n}\frac{\overline{x_j}}{\overline{x}})\mathrm{Theil}_i + \sum_{i=1}^{m} (\frac{n_i}{n})ln(\frac{\overline{x_j}}{\overline{x}})$$

$$(5.9)$$

其中，m 表示区域个数，在本书中表示 30 个省（区、市）；$\dfrac{n_i}{n}$ 表示不同区域内省市数量占 30 个省（区、市）的比例，$\dfrac{\overline{x_i}}{\overline{x}}$ 表示各地区农村绿色发展指数均值与全国农村绿色发展指数均值之比，Theil_i 表示第 i 个地区的泰尔指数，Theil_W 表示泰尔指数的区域内差异，Theil_B 表示泰尔指数的区域间差异。

5.1.2 已有研究方法的差异评析

1. 研究理论的差异

空间计量模型侧重于解决经济事务的空间相互作用和空间依存关系，主要借助地理学第一定律，也即经济关联会随着地理距离的增加而降低，因而该模型的提出，打破了主流经济学理论关于空间无关和均值性假设等问题。同时，由于空间计量模型研究的对象是整个经济体的各个组成单元，一方面，各单元在地理位置上的差异决定了经济影响程度，另一方面，各单元之间相互影响呈现出矩阵模式，因而空间计量模型往往需要设计地理权重矩阵。收敛理论源自新古典经济学的分析框架，该理论认为具有相似偏好的经济体最终会在外力作用下进入一个相对稳态水平，在这一阶段，生产要素边际产出递减，初始水平较低经济体具有更高的增长率。因此，借助该理论，各地区的农村绿色发展水平在初期会呈现逐渐扩大的差异，但随着时间的推移，市场终将进入均衡状态，各地区农村绿色发展的差异逐步缩小。泰尔指数的理论基础来自信息理论中的熵概念，基于每一事件的信息量和相应发生概率之积的运算得到具体熵值。泰尔指数主要是一种衡量个体之间或者地区之间收入差距的指标，后被用到各种领域进行不平等分析，是一种以经济指标为基准的结构分解法，通过以某个具体经济指标为基准，对农村绿色发展指数进行统计分解。

2. 研究视角的差异

空间计量模型主要从地区间的相互关联属性出发，探讨本地区农村绿色发展是否会受其他地区农村绿色发展的影响，或者本地区农村绿色发展是否会影响到其他区域的农村绿色发展。研究对象在于农村绿色发展的相对水平以及本地区和相邻地区影响农村绿色发展的相关因素，研究视角在于存在相互影响关系的不同区域，并通过这种区域关联分析，探索推动本地区农村绿色发展的外部动力。收敛模型则主要站在区域协同的视角来考虑平衡差异的测量，着重在衡量不同区域农村发展差异的基础上，表达不同区域农村绿色发展的相对速度，分析各区域之间的差异有进一步缩小的可能，还是会继续扩大。泰尔指数则重点在诠释农村绿色发展水平的差异来源，研究对象是农村绿色发展差异的影响因素，研究视角涉及本地区，同时也考虑周边地区，通过分解研究对象（本书所指为农村绿色发展）的结构指标，来挖掘内部影响因素和外部影响因素的影响差异，并据此寻找最优防范路径。

3. 研究结果的差异

运用空间计量模型得出的结果是农村绿色发展的维持或推进是否需要从相邻地区寻找线索。根据这一模型所得结论，相邻地区的政策实施方案或者农村绿色发展执行效果都可能影响到本地区的农村绿色发展进度，因而参考相邻地区的执行效果和实施方案，可为本地区相关部门制定或调整推进农村绿色发展的相关策略提供参考。收敛模型给出的结果是不同地区的差异是否存在收敛或扩散特征，也即这种差异是越来越小还是越来越大。在所得结论的基础上，既可以审视政策执行的松紧程度，甄别应该采取的政策的调整方向，也可以明确已有政策方案的执行力度是否需要调整，从而为农村绿色发展收敛提供政策支持。泰尔指数的测算结果侧重于分析其差异来源，比较内部差异还是外部差异更能引致农村绿色发展的空间异质特征。因而相比空间计量模型，泰尔指数既考虑了外部差异的影响效应，也考虑了系统内部的影响效应。

5.1.3 本书采取的研究方法

本书主要采用了聚类分析和空间计量两种方法来解决空间视角下农村绿色发展的识别与特征分析工作。

1. 聚类分析的算法设计

聚类分析法是统计学中常用的指标特征分析方法，其主要特征是针对元素集合进行某种相似属性特征的元素分类，被分在同一类的元素具有最大相似特征，没有被分到同一类的元素具有最大差异特征，从而实现元素集合的分类降解。

假设包含 k 个元素的元素集合用 G 来表示，对于任意给定的距离 T，如果存在 G 中的任何两个元素 i、j，都满足 $d_{ij} \leq T$，且有 $\frac{1}{k-1}\sum_{j \in G} d_{ij} \leq T$，$d_{ij}$ 表示两个元素 i、j 之间的距离，那么 i、j 之间的最远距离 $D_k(p, q)$ 将满足如下条件：

$$D_k(p, q) = \max\{d_{ij} \mid i \in G_p, j \in G_q\} \tag{5.10}$$

基于式（5.10）可知，对于农村绿色发展而言，其聚类规则可定义为：

$$RGD_{30}(p, q) = \max\{d_{ij} \mid i \in G_p, j \in G_q\} \tag{5.11}$$

其中，p、q 表示地区，G_p 和 G_q 均等于 30。基于式（5.11）即可对不同区域农村绿色发展的空间相似属性展开分析。

2. 空间计量模型的设计

农村绿色发展在规模上的变化，既有可能会受周边地区的影响，也有可能会反过来对周边地区产生影响。因而在聚类分析的基础上，本书接下来考虑运用空间计量模型来权衡农村绿色发展的空间关联特征和空间溢出效应，但在进行具体分析之前，还需要进行基本的统计检验。

首先，借助 Moran'I 指数来检验农村绿色发展是否存在空间关联特征，这将为后续实证研究奠定基础。Moran'I 指数的基本公式可以表达如下：

$$Moran'I = \frac{\sum_{i=1}^{n} \sum_{j=1}^{n} W_{ij}(Y_i - \bar{Y})(Y_j - \bar{Y})}{S^2 \sum_{i=1}^{n} \sum_{j=1}^{n} W_{ij}} \max\{d_{ij} \mid i \in G_p, j \in G_q\}$$

$$\tag{5.12}$$

式（5.12）中，n 为地区容量，在本书中定义为 31，Y_i 表示的是第 i 个地区的隐性债务，$S^2 = \frac{1}{n}\sum_{i=1}^{n}(Y_i - \bar{Y})$，$\bar{Y} = \frac{1}{n}\sum_{i=1}^{n} Y_i$。$W_{ij}$ 为针对农村绿色发展所设计的临近空间权重矩阵，一般而言，W_{ij} 是以二进制的基

本形态存在，并满足如下关系：

$$W_{ij} = \begin{cases} 1 & \text{当区域 } i \text{ 和区域 } j \text{ 相邻} \\ 0 & \text{当区域 } i \text{ 和区域 } j \text{ 不相邻} \end{cases} \qquad (5.13)$$

式（5.13）中，$i = 1, 2, \cdots, n$；$j = 1, 2, \cdots, m$。

基于式（5.12）测算的 Moran'I 指数，可以看作各地区农村绿色发展交乘项之和，数值大小属于 [-1, 1]，并且从绝对数值大小来看，如果各区域农村绿色发展存在空间上的正相关关系，那么 Moran'I 指数就会接近于 1，此时农村绿色发展存在比较强烈的空间正相关效应；如果测算出来的 Moran'I 指数接近于 0，意味着各区域农村绿色发展的空间相关特征很弱；如果 Moran'I 指数临近 -1，则表明农村绿色发展存在较强的空间负相关效应。

在空间相关属性得到基本判别的前提下，进一步设计统计检验量来分析农村绿色发展是否存在空间集聚效应。当样本量较大时，采用正态分布方法来检验 Moran'I 指数的统计检验量，以此分析农村绿色发展的空间集聚效应。具体方案为：计算 Moran'I 指数的期望值和方差，分别记为 $E_n(I) = -\dfrac{1}{n-1}$，$\mathrm{VAR}_n(I) = -\dfrac{n^2 w_1 + n m_2 + 3 w_0^2}{w_0^2 (n^2 - 1)} - E_n^2(I)$，其中，$w_0 = \sum\limits_{i=1}^{n} \sum\limits_{j=1}^{n} w_{ij}$，$w_1 = \dfrac{1}{2} \sum\limits_{i=1}^{n} \sum\limits_{j=1}^{n} (w_{ij} + w_{ji})^2$，$w_2 = \sum\limits_{i=1}^{n} (w_i + w_j)^2$，$w_i$ 和 w_j 分别表示式（5.10）中空间权重矩阵中第 i 行的元素之和与第 j 列的元素之和。那么，设计正态统计检验量 $Z(d)$：

$$Z(d) = \frac{\text{Moran'I} - E(I)}{\sqrt{\mathrm{VAR}(I)}} \qquad (5.14)$$

如果式（5.14）中计算的 $Z(d)$ 大于临界值 1.96，则表明农村绿色发展在 95% 的显著性水平下存在空间正相关关系，此时，不同区域间存在明显的竞争关系，农村绿色发展存在多点开花的趋势，农村绿色发展已经突破区域界限，地理空间的集聚效应非常明显；反之亦然。

在基本特征得到检验以后，接下来设计空间滞后模型（SLM）和空间误差模型（SEM）来分析本地区农村绿色发展与周边区域是否产生相互影响，也即分析农村绿色发展的空间溢出效应是否存在。空间滞后模型的基本表达关系式为：

$$\text{RGD}_{i,\,t} = \rho W_{\text{RGD}_{i,\,t}} + X_{i,\,t}\beta + \varepsilon_{i,\,t} \tag{5.15}$$

式（5.15）中，$W_{\text{RGD}_{i,\,t}}$ 为空间滞后因子，$X_{i,\,t}$ 为 $n \times k$ 维外生解释变量矩阵，ρ 为 $n \times k$ 维空间回归相关系数，$\varepsilon_{i,\,t}$ 为随机误差项向量。

农村绿色发展的空间误差模型设计如下：

$$\text{RGD}_{i,\,t} = X_{i,\,t}\beta + \xi_{i,\,t} \tag{5.16}$$

$$\xi_{i,\,t} = \lambda W \xi_{i,\,t} + \mu_{i,\,t} \tag{5.17}$$

式（5.16）和（5.17）中，$\xi_{i,\,t}$ 为空间模型的随机干扰项，$\mu_{i,\,t}$ 为正态分布的随机干扰项，λ 为误差模型中 $n \times 1$ 维的截面因变量向量的空间误差系数，衡量的是在样本期间内临近区域的农村绿色发展对本地区农村绿色发展的影响方向和溢出程度。

5.2　指标说明与数据分析

5.2.1　指标选取与说明

本章进行实证分析时，涉及多个指标的选取和应用问题。考虑到聚类分析的基本思路是对具体元素（本书是农村绿色发展）进行相似属性的分类，因而只需要对该特定元素进行研究即可；而空间计量模型中，涉及需要探索空间关联效应的具体指标（本书是指农村绿色发展），还包括影响农村绿色发展空间效应的相关外在因素。因此，本书在进行聚类分析时，采用的是农村绿色发展的省际数据开展研究；在进行空间计量分析时，根据模型需要，采用农村绿色发展作为被解释变量，采用农村绿色发展的滞后一阶项作为空间滞后模型的滞后因子，采用第四章中提及的六个外显变量作为空间关联指标，以此分析本地区的农村绿色发展是否会影响周边地区的农村绿色发展，以及周边地区的农村保护、农村劳动力、清洁能源使用力度、环境卫生、交通发展、教育水平等因素是否会影响到本地区的农村绿色发展。

5.2.2　数据来源与处理

本部分采用的数据范围涉及全国 30 个省（区、市），进行实证研究所选取的样本期为 2010—2020 年。基础数据来源于第三章和第四章的测算结果，部分地区在个别年份存在数据缺失的情况，采用前后年份平均的方式进行补齐。同时，由于所选取的指标存在不同量纲，因而对水土流失治理面积、农村劳动力人口数、农村沼气池产气量、交通运输和仓储及邮政业生产总值四个指标进行对数处理，希冀借此缓解可能存在的异方差影响。

5.2.3　指标的描述性统计分析

针对已经整理的基础性指标，首先进行描述性统计分析，以此衡量农村绿色发展的基本面貌。具体结果如表 5.1 所示。

表 5.1　各变量的描述性统计结果

变量	最小值	最大值	均值	标准差	样本量
RGD	0.171	0.504	0.331	0.071	330
lnRes	2.467	5.932	3.886	2.108	330
lnLab	3.368	5.124	4.510	2.227	330
lnCle	1.253	3.935	2.372	1.037	330
Env	0.175	0.528	0.369	0.172	330
lnTran	2.365	4.157	3.229	2.157	330
Edu	0.253	0.438	0.347	0.125	330

由表 5.1 可以发现，在 330 个样本中，农村绿色发展的最大值为0.504，最小值为 0.171，标准差达到 0.071，其变异系数（标准差/均值）达到 0.215，说明农村绿色发展的时空差异较为明显，因而对各地区农村绿色发展现状进行分析时，需要进一步考虑不同地区经济发展的空间差异。结合原始数据测算后发现，2010—2020 年，广西农村绿色发展的变异系数最大，达到 0.247，而辽宁农村绿色发展的变异系数最小，仅为 0.050，二者相差接近 5 倍。表明广西的农村绿色发展水平在样本期间内经历了较大的变动，结合其时序特征来看，广西农村绿色发展水平波动较大的原因是经历了较快的上升趋势。对比来看，辽宁农村绿色发展水平较为稳定，在样本期间内没有发生明显的

波动。与此同时，广西和辽宁两个地区在农村绿色发展上的变化特征，也进一步说明我国各区间农村绿色发展水平的差异需要得到考虑。

其余影响因素相关指标在样本期内的标准差也较大，既有其时序上的波动原因，也有可能是不同地区存在的差异较为显著。由于农村绿色发展的时序特征已经在前面章节进行了相关研究，因此，本章接下来将探究农村绿色发展的空间关联特征。

5.3 农村绿色发展空间特征的实证分析

5.3.1 农村绿色发展的聚类分析

从表5.1可以发现，不同地区的农村绿色发展结果存在较大差异，但某些地区之间又存在一些共同特征，这意味着农村绿色发展在我国各地区之间既存在个性，也存在共性。本书借助统计软件 SPSS16.0，对第四章所描述的 2010—2020 年的农村绿色发展进行了聚类分析，选择的是系统聚类法，聚类标准选取了最长距离法，所得聚类结果如图5.1 所示。

根据图5.1 的树状图，至少可以将全国 30 个省（区、市）分为两类，具体如表5.2 所示。第一类地区包括宁夏、青海、海南、上海、北京、黑龙江、天津、甘肃、江西、吉林、新疆、辽宁、山西、贵州和河北，第二类地区包括江苏、湖北、浙江、福建、河南、山东、广东、重庆、广西、安徽、云南、湖南、陕西、内蒙古和四川。综合对比可以发现，第一类地区的农村绿色发展指数相对较大，在样本期内的均值为 0.482，第二类地区的农村绿色发展指数相对较小，在样本期内的均值为 0.253，二者接近两倍。

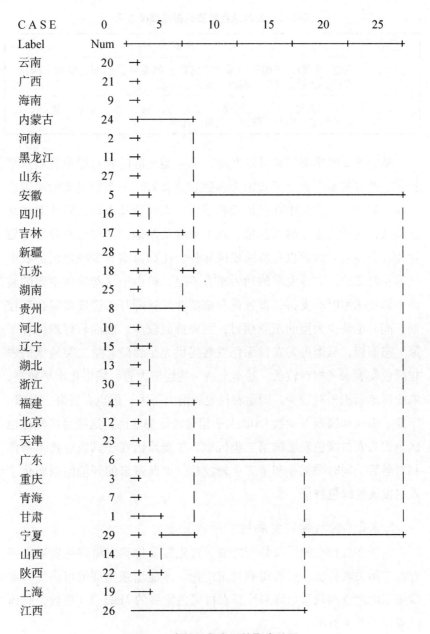

图 5.1　农村绿色发展的聚类结果

表 5.2　农村绿色发展的省域聚类结果

类别	区域
第一类	云南、广西、海南、内蒙古、河南、黑龙江、山东、安徽、四川、吉林、新疆、江苏、湖南、贵州、河北
第二类	辽宁、湖北、浙江、福建、北京、天津、广东、重庆、青海、甘肃、宁夏、山西、陕西、上海、江西

从表 5.2 的聚类结果可以发现，第一类地区的农村绿色发展水平较高，并且基本上集聚了我国大多数农业大省。一个很重要的原因在于这一类地区主要集中在耕地面积较大、农村劳动人口比重相对较高的地区，是我国重要的商品粮、水果和蔬菜基地，同时也有着较为发达的农业体系。然而也有特殊地区除外，比如海南等少数地区的农业技术相对靠后，农业发展的动力略有不足，但由于这些地区主要的经济来源是国家财政支持、畜牧业和旅游业，资源开采进度得到合理控制，同时也缺少大型的工业项目，污染排放较少，因而较好地保存了原生态面貌，从而可为农村绿色发展提供充足保障。第二类地区的农村绿色发展水平相对较低，基本上是一些经济大省，城市化水平较高，农业耕地面积相对较少，因而农村发展潜力不大；但也有青海、甘肃、宁夏、山西和陕西等少数 GDP 水平相对较低的地区，这些经济较低地区也聚为农村绿色发展的第二类区域，主要原因在于其农业技术条件相对落后，同时采掘业和重工业较发达，由此带来的环境问题弱化了农村发展的绿色特征。

5.3.2　农村绿色发展的空间计量分析

由于在进行空间计量分析之前，首先需要检验农村绿色发展是否存在空间关联特征，只有得到肯定结论，才能增强实证的可信度。本章采用地理空间权重矩阵来计算农村绿色发展的 Moran's I 指数，具体结果如表 5.3 所示。

表 5.3 农村绿色发展的 Moran'I 指数统计量

时间	Moran'I	Moran'I 期望值	标准差	正态性 Z 值	P 统计量	时间	Moran'I	Moran'I 期望值	标准差	正态性 Z 值	P 统计量
2010	0.938	-0.013	0.070	7.614	0.000	2015	0.981	-0.012	0.018	7.251	0.012
2011	0.962	-0.011	0.025	7.102	0.010	2016	0.957	-0.010	0.026	7.069	0.024
2012	0.951	-0.023	0.053	6.936	0.014	2017	0.963	-0.016	0.035	7.142	0.012
2013	0.968	-0.019	0.061	7.010	0.020	2018	0.921	-0.024	0.021	6.982	0.013
2014	0.939	-0.014	0.072	6.588	0.023	2019	0.968	-0.013	0.030	6.887	0.013

从表 5.3 的估计结果可以发现，在样本期内，农村绿色发展的所有 Moran'I 值都大于 0，且接近于 1，表明农村绿色发展可能存在一定程度的空间正向关联特征。由于正态性检验统计量 Z 值都较大，对应的 P 统计量也非常小，在 95% 的置信水平下都通过显著检验，表明我国各地区的农村绿色发展不太可能是相互独立的，不同地区之间的农村绿色发展可能会对经济关联地区产生明显的辐射效应。为进一步探究这种空间效应，本章进一步给出局部 Moran'I 指数的散点分布图，如图 5.2 所示。

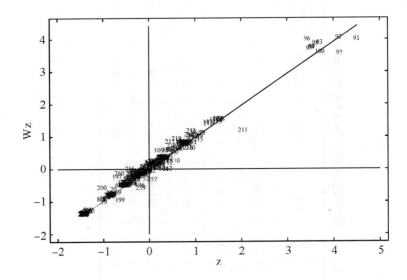

图 5.2　不同区域农村绿色发展的 Moran'I 指数

从图 5.2 来看，Moran'I 指数的散点分布几乎呈现出一种很明显的直线特征，这表明我国各地区的农村绿色发展几乎集中于第一、三象限，这种非常强势的 HH 模式和 LL 模式表明，农村绿色发展之间的空间依赖特征非常显著，因而农村绿色发展的空间特征需要得到特别关注。

基于上述检验结果，本书分别设计了不同时期农村绿色发展的跨期模型和当期模型。其中，跨期模型选择的因变量是当期的农村绿色发展，自变量选择的是滞后一期的影响因素；当期模型选择的因变量是当期的农村绿色发展，自变量选择的是当期的影响因素数据。影响因素主要是第四章选择的 6 个外显变量，即 Res、Lab、Cle、Env、

Tran、Edu。

　　首先，对跨期模型和当期模型进行 OLS 估计，所得结果分别如表 5.4 和 5.5 所示。可以发现，两个模型中，Cle 因子对于农村绿色发展的影响都为负，且没有通过显著性检验；跨期模型中，还有 Env 和 Edu 都没通过检验，而 Edu 的系数为负；当前模型中，Env 和 Tran 没通过检验，而 Edu 的系数为负，这些与前面的结果相矛盾。一个很重要的理由可能是应用 OLS 来分析空间计量的跨期模型和当期模型时，因缺乏对空间关联属性的考虑而使得模型估计结果存在明显偏误，这意味着需要借助空间计量模型展开分析。

表 5.4　跨期模型的 OLS 估计结果

模型	回归系数	标准差	t 统计量	P 值
C	2 098.64	1.267	0.278	0.566
Res	0.018 ***	0.832	3.061	0.005
Lab	0.635 ***	2.671	2.993	0.006
Cle	−0.102	0.105	−1.151	0.142
Env	0.135	0.236	1.582	0.126
Tran	−0.206 ***	0.993	−3.265	0.005
Edu	0.158	1.582	0.693	0.239
R^2	0.806			
F	6.329			
LogL	−12.525			
AIC	36.932			
SC	39.827			
空间依赖性检验	Ml/DF	统计值	小概率 P	
Moran'I 指数（误差）	0.351	2.038 **	0.025	
LMLAG	1	4.652 **	0.019	
R-LMLAG	1	3.099 ***	0.002	
LMERR	1	4.858	0.175	
R-LMERR	1	1.036	0.296	

　　注："*""**""***"分别表示在10%、5%、1%的显著性水平下通过检验。

　　由于表5.4和表5.5均透露出 Moran'I 指数（误差）的小概率要小于0.05，同时结合 LMLAG 和 R-LMLAG 以及 LMERR 和 R-LMERR 的統计结果，认为采取如下方式进行估计的效果会更好：采用空间滞后模型来估计跨期模型，采用空间误差模型来估计当期模型。基于此，本书在空间计量模型中考虑空间效应，并改变传统的 OLS 估计方法，采用极大似然估计方法进行分析，所得空间滞后模型和空间误差模型的估计结果分别如表 5.6 和表 5.7 所示。

表 5.5　当期模型的 OLS 估计结果

模型	回归系数	标准差	t 统计量	P 值
C	1 936. 25	0. 975	6. 375	0. 000
Res	0. 030 ***	3. 692	2. 805	0. 004
Lab	0. 811 ***	2. 109	3. 641	0. 002
Cle	−0. 203	0. 258	−1. 158	0. 127
Env	0. 202	0. 415	0. 096	0. 689
Tran	0. 028	0. 258	1. 326	0. 130
Edu	−0. 183 ***	1. 968	3. 005	0. 003
R^2	0. 798			
F	18. 526			
LogL	−12. 363			
AIC	33. 265			
SC	37. 416			
空间依赖性检验	Ml/DF	统计值	小概率 P	
Moran'I 指数（误差）	0. 296	2. 758 *	0. 003	
LMLAG	1	0. 936	0. 312	
R-LMLAG	1	0. 157	0. 649	
LMERR	1	3. 441 **	0. 013	
R-LMERR	1	1. 369	0. 205	

注："*""**""***"分别表示在10%、5%、1%的显著性水平下通过检验。

可以发现，在引入空间效应以后，表 5.6 和表 5.7 中的模型拟合参数都得到了较好的改良，R^2 得到明显的提升，而 LogL 则出现趋势性下滑，与此同时，AIC 和 SC 的统计值也在降低，这意味着空间滞后模型和空间误差模型的估计结果更加理性，农村绿色发展的空间误差显著降低，模型拟合精度明显提高，由此也进一步说明空间关联效应确实应当在农村绿色发展的地理特征分析中得到体现。

表 5.6　SLM 模型的极大似然估计结果

模型	回归系数	标准差	t 统计量	P 值
W-LID	0.187 ***	0.063	3.182	0.003
C	2.163	0.725	1.036	0.126
Res	0.063 **	2.936	2.369	0.012
Lab	0.113 ***	1.527	2.751	0.008
Cle	0.360 ***	3.006	6.321	0.000
Env	0.106 ***	1.026	3.062	0.004
Tran	0.105 **	0.983	2.175	0.016
Edu	0.082 ***	2.112	5.332	0.000
统计检验	统计值			
R^2	0.903			
LogL	−11.032			
AIC	32.063			
SC	33.682			

注："*""**""***"分别表示在 10%、5%、1%的显著性水平下通过检验。

　　根据表 5.6 和表 5.7 估计的结果可以发现，农村劳动力以及清洁
能源使用力度两个变量的拟合系数相对较大，由此说明我国农村绿色
发展受到这两个因素的影响程度最高，这与第四章的 MIMIC 模型估计
结果较为一致。农村人口在计划生育时代的相对红利以及随着乡村振
兴战略提供的福利激发城市劳动力回流，将在较大程度上为农村发展
提供重要的要素支持，提升农村绿色发展水平，促使农村绿色发展在
不同地理空间呈现出显著的集聚效应。清洁能源的推广，一方面可以
降低化石能源的开采和使用，减少资源开采过程中带来的环境污染，
从而保持农村地区生态平衡；另一方面，清洁能源在消费过程中产生
的废弃物可实现自然吸收和有机降解，也可提高资源利用的效率。相
比跨期模型和当期模型的估计结果，在极大似然估计结果中，农村教
育素质的拟合系数显著为正，更符合经济学逻辑，表明加强农村地区
教育投入，通过教育来提升农村居民的基本道德和素养，有助于维护
农村地区的生态安全，从而驱动农村绿色发展。

中国农村绿色发展的多维测度与长效驱动研究

表 5.7　SEM 模型的极大似然估计结果

模型	回归系数	标准差	t 统计量	P 值
C	3.096***	0.765	3.175	0.003
Res	0.015*	1.362	1.968	0.061
Lab	0.092***	0.967	4.636	0.000
Cle	0.176***	0.078	2.363	0.036
Env	0.182***	1.036	6.332	0.000
Tran	0.098**	0.082	2.751	0.023
Edu	0.052***	1.303	3.502	0.002
λ	0.258**	0.215	6.669	0.000
统计检验	统计值			
R^2	0.885			
LogL	−10.276			
AIC	30.261			
SC	32.039			

注："*""**""***"分别表示在 10%、5%、1%的显著性水平下通过检验。

　　进一步发现，基于极大似然值估计的 SLM 模型和 SEM 模型中，Res 的系数都显著且是最小的，这说明农村保护在驱动农村绿色发展方面的作用在逐渐降低，可能的原因在于本书所选取的农村保护指标存在一定的特殊性。以水土流失治理面积来衡量农村保护具有一定的合理性，但该指标在各地区之间的波动差异较大。比如根据国家统计局公布的数据显示，2020 年天津市的水土流失治理面积为 101 840 公顷，而内蒙古的这一数据达到 15 221 500 公顷，两者的差距超过 150 倍。而相比之下，内蒙古和天津农村绿色发展的差距仅为 1.396。两个指标在数据波动上的差异，暗示着水土流失治理面积的拟合系数相比其他指标存在较小数量级的可能。由此可见，农村保护这一指标的拟合系数相对较小，并非该指标因不能影响农村绿色发展而缺乏足够的解释力度，更大的原因主要归结于指标量纲较大，从而降低了拟合系数的估计值。

5.4　本章小结

　　农村绿色发展不仅存在经济惯性，具有典型的时序周期特征，还会受到相邻区域的显著冲击，因而本章从空间视角探讨了农村绿色发展的驱动路径。通过对当前国内外学者们采用的空间关联特征分析方法进行梳理和比较，发现大体存在三种类型，其一是空间自相关分析方法和绝对收敛空间计量模型，其二是动态空间杜宾模型，其三是泰尔指数。不同方法在研究理论、研究视角和研究结果上都存在显著差异。通过比较，本书选用聚类分析法和空间计量模型相结合的方式对我国各地区农村绿色发展水平进行了实证分析，采用聚类分析所得结果发现，云南、广西、海南、内蒙古、河南、黑龙江、山东、安徽、四川、吉林、新疆、江苏、湖南、贵州和河北可以聚为第一类地区，属于农村绿色发展高水平地区；辽宁、湖北、浙江、福建、北京、天津、广东、重庆、青海、甘肃、宁夏、山西、陕西、上海和江西为第二类地区，属于农村绿色发展低水平地区。通过空间计量模型进行空间效应检验，发现农村绿色发展存在显著的空间辐射作用，也即相邻地区农村绿色发展会影响到本地区的农村绿色发展，并且呈现出明显的高高聚集和低低聚集的现象。加入空间效应后，发现农村劳动力以及清洁能源使用力度的影响力度最大，以水土流失治理面积为代理指标的农村保护的影响系数最小，这可为寻找农村绿色发展的驱动路径提供依据。

6 农村绿色发展的驱动因素分析

根据第 3、4、5 章的分析可以发现，我国农村绿色发展具有较丰富的现实特征，而这些特征背后的逻辑，是农村绿色发展不同维度指标所带来的结构性差异，农村绿色发展因外在因素的影响而呈现出一定的历史规律和经济周期，亦是其他周边区域在推进农村绿色发展过程中对本地区形成了一定程度的溢出效应。由此可见，我国农村绿色发展的影响因素来源于多个方面，从内在结构、外部诱因和区际辐射等角度形成的影响因素集，将在不同幅度下对农村绿色发展产生驱动作用。为此，本章接下来将从不同维度探讨农村绿色发展的驱动因素，希冀全方位刻画农村绿色发展特征表现背后的动因，借此为推进和提升我国区域间农村绿色发展奠定基础。

6.1 驱动因素的维度探讨

作为一个系统性的指标，农村绿色发展也会受到来自不同层面的多种因素的影响。本书根据前面的实证分析结果，从三个维度探讨了农村绿色发展的影响因素，分别是内部维度、外部维度和区际维度，希冀借此能够对农村绿色发展的驱动因素进行更详细的解析。

列宁曾指出，"堡垒往往最先从内部攻破"，这表明再安全稳健和有发展潜力的系统，都抵挡不住来自内部的危机，因而本书选用农村系统内部的要素特征成为驱动农村绿色发展最主要的参考指标。从内部维度来看，由于农村绿色发展的形成是多个方面协调配合的结果，任何一个方面的因素出现较大波动，都将显著影响到农村绿色发展的基本走势，同时还会存在牵一发动全身的可能，进一步改变农村绿色发展的稳健性。因而本书主要是从探讨农村绿色发展的组成结构出发，针对农村绿色发展水平的诸多构成因素，分结构维度探讨不同要素在农村绿色发展中的贡献度，并借助灵敏度分析方法展开压力测试，挖掘敏感性因子，借之分析推进农村绿色发展的内部驱动因素。

任何系统的演变，都不能完全规避外在因素的干扰。从外部维度来看，本书主要是从影响农村绿色发展的外源因素出发，寻找并归纳潜在的影响动因。由于不同影响因素之间可能存在相互联系，同时各影响因素对农村绿色发展的影响机理存在显著差异，部分影响因素在理论机制上可能还存在一些不太清晰的中介变量，这使得传统计量模型在进行机制检验时，存在一定的局限性，难以准确衡量并系统比较各因素的影响效应。为了避免对经济模型的过度依赖，缓解内生变量冲击给模型稳健性带来的影响，也为统一实证分析时的量化模型，本书尝试采用弱化经济理论的向量自回归方法进行外部驱动因素的检验。向量自回归模型是通过将系统中每一个内生变量作为所有内生变量的滞后值来构建模型，并通过对既定内生变量进行标准残差的冲击，然后分析这种冲击下其他内生变量获得的响应，以此权衡影响力度。再通过方差分解来度量每一个结构冲击对内生变量带来的综合影响，以此判断各变量的贡献度，并根据贡献度来分别识别各变量对目标变量的影响差异。基于此，本部分将借助非结构化模型展开脉冲分析和方差分解，据此考察不同外部因素对农村绿色发展的影响差异，借之比较农村绿色发展外部驱动的最优因素。

从区际维度来看，考虑到周边区域在推进农村绿色发展过程中有可能对本地区产生一定的辐射作用（事实上，在第 5 章中已经证实了这一点），因而本地区农村绿色发展的水平和速度在较大程度上受制于周边地区的发展状况，这意味着对本地区农村绿色发展驱动方案的设计，不仅需要做好本地区的工作，还需要系统掌握周边地区的发展动态和影响因素，在推动本地区农村绿色发展过程中，应通过借鉴周边地区农村绿色发展的特色模式来实现干中学。因此，在这一维度下，本书主要是基于经济指标存在空间关联特性这一理论，从空间相依视角出发，借助社会网络分析方法和空间计量模型展开省域关联分析，探讨农村绿色发展在多大程度上会受到相邻地区的影响，以及如何借助相邻地区在推动农村绿色发展方面实施的动态政策来驱动本地区的农村绿色发展，来研究农村绿色发展的区际驱动因素。

6.2　内部驱动因素研究

6.2.1　内部驱动因素的灵敏度方法设计

基于第 3 章的测算结果可知，绿色基础、绿色资源、绿色环境和绿色技术的权重在样本区间内并非一成不变，而是呈现出明显的动态波动特征，但总体来看，绿色环境所占比重最大，绿色技术的权重相对最小。进一步从绿色环境维度各指标的占比来看，人均总产值的权重又达到最高，但这并不意味着该指标在表 3.1 中所有指标中的权重最大。经测算发现，森林病虫鼠害防治率在所有 16 个指标中的权重最大，由此说明不同指标对于农村绿色发展的驱动能力存在较大差异，因而深度挖掘不同指标在驱动农村绿色发展中的贡献，有助于从内部视角寻找最优的驱动路径。

为探讨不同维度在驱动农村绿色发展方面的作用，需要比较不同维度及其各分指标的变动会给农村绿色发展带来多大程度的变化。为此，本书设计了灵敏度公式来对各维度和指标进行压力测算，借此探讨最优敏感性因子。具体的灵敏度公式设计如下：

$$\theta_i = \left| \frac{\overline{\Delta G_{it}/G_{it}}}{\Delta \mathrm{RGD}_{it}/\mathrm{RGD}_{it}} \right| \tag{6.1}$$

$$\theta_j = \left| \frac{\overline{\Delta X_{jt}/X_{jt}}}{\Delta \mathrm{RGD}_{jt}/\mathrm{RGD}_{jt}} \right| \tag{6.2}$$

其中，式（6.1）为农村绿色发展分维度的灵敏度测算公式，式（6.2）为各维度分指标的灵敏度测算公式，θ 为灵敏度，由于表 3.1 中所设计的指标体系存在正指标也存在逆指标，因而对式（6.1）和式（6.2）都取绝对值，以反映各维度和指标的波动对农村绿色发展带来的绝对影响。上面两个式子中，t 表示时期，i 代表四个维度，G 为各维度指数，X 代表分指标，j 代表各维度下的不同指标，显然 $\theta_i > 0$，且 $\theta_j > 0$。当 $\theta_i > 1$ 时，表示该维度处于超灵敏状态；反之，当 $1 \geq \theta_i > 0$，则处于低灵敏状态。同理，当 θ_j 时，表示该指标处于超灵敏状态；反之，当 $1 \geq \theta_j > 0$ 时，则处于低灵敏状态。

6.2.2 农村绿色发展分维度的驱动研究

根据式（6.1），分别计算出绿色基础、绿色资源、绿色环境和绿色技术四个维度的灵敏度，所得结果如表 6.1 所示。

表 6.1 2011—2020 年我国农村绿色发展各维度的灵敏度

时间	灵敏度				时间	灵敏度			
	绿色基础	绿色资源	绿色环境	绿色技术		绿色基础	绿色资源	绿色环境	绿色技术
2011	0.503 4	0.258 3	1.422 3	0.982 5	2016	1.077 5	2.794 2	7.780 5	11.219 2
2012	0.607 3	0.425 3	0.342 2	1.656 7	2017	0.175 1	0.316 4	3.001 4	0.868 1
2013	0.193 0	1.270 0	3.236 9	4.838 0	2018	0.508 7	0.328 7	1.608 3	4.162 7
2014	1.023 3	2.199 8	4.107 2	1.909 1	2019	1.219 6	1.097 9	0.548 2	2.932 7
2015	0.233 9	0.281 7	3.336 2	1.074 8	2020	0.681 5	0.559 6	1.275 8	2.150 2

由表 6.1 可以发现，在样本期间内，我国农村绿色发展各维度的灵敏度在不断发生变化。综合来看，2011—2020 年，绿色基础、绿色资源、绿色环境和绿色技术的平均灵敏度分别为 0.622 3、0.953 2、2.665 9 和 3.179 4，表明绿色环境和绿色技术的灵敏度相对较高，并呈现出交替领先的趋势，而绿色基础和绿色资源的灵敏度相对较低，这为我国驱动农村绿色发展提供了良好的启发。尤其在样本后期，绿色技术的灵敏度持续高于其他维度的灵敏度，更是说明提高农村建设发展的技术含量，对于驱动农村绿色发展具有更明显的作用，这也符合当前农村振兴战略的焦点。

进一步，分区间测算绿色基础、绿色资源、绿色环境和绿色技术四个维度的灵敏度，所得结果如表 6.2 所示。可以发现，农村绿色发展各维度的灵敏度在不同地区间的差异较大，其中，北京、天津、内蒙古、山东和陕西各维度的灵敏度都大于 1，表明这些地区都处于超灵敏状态,在推动农村绿色发展方面具有很强的潜力,来自各维度的积极变化都能对农村绿色发展产生较大的边际贡献。相对而言,北京农村绿色发展各维度的灵敏度较为均衡,绿色技术的灵敏度最大为5.052 7,绿色基础的灵敏度最低,为1.455 7,两者差距约为3.5倍;然而,河南绿色环境的灵敏度为2.513 9,绿色资源的灵敏度为0.004 8,导致两者的差距超过520倍。从地区间各维度灵敏度的比较来看,绿色技术对于陕西农村绿色发展的边际贡献最大,灵敏度高达64.995 5,而河南绿色资源的灵敏度仅为0.004 8,由此可见,针对不同地区执行有差异的驱动策略,在提升农村绿色水平时有事半功倍的效果。

表 6.2 2011—2020 年我国各地区农村绿色发展各维度的平均灵敏度

地区	绿色基础	绿色资源	绿色环境	绿色技术	地区	绿色基础	绿色资源	绿色环境	绿色技术
北京	1.455 7	5.043 3	3.032 2	5.052 7	河南	0.753 0	0.004 8	2.513 9	0.968 5
天津	3.579 9	2.371 5	2.279 1	21.710 8	湖北	0.127 2	0.289 7	2.479 5	0.374 4
河北	0.584 1	0.557 8	3.270 6	0.546 5	湖南	0.173 0	0.973 8	1.695 9	3.390 8
山西	0.703 2	0.031 5	2.747 1	0.720 0	广东	0.123 9	0.109 1	2.758 4	0.708 0
内蒙古	1.035 8	1.774 3	1.192 9	20.709 0	广西	0.818 5	0.309 1	4.405 8	5.701 4
辽宁	0.600 1	0.083 5	2.331 7	1.187 9	海南	0.049 9	0.030 5	8.912 4	0.268 8
吉林	0.543 3	0.755 3	2.334 1	0.754 7	重庆	0.564 5	0.216 6	1.244 8	0.410 8
黑龙江	0.552 7	0.470 6	3.066 2	0.923 5	四川	0.113 5	0.338 1	2.954 2	0.603 5
上海	0.967 2	4.765 5	0.847 2	3.389 4	贵州	2.063 6	0.270 2	1.529 6	0.193 5
江苏	0.077 3	1.313 5	1.941 0	1.874 1	云南	0.888 3	1.034 0	1.266 9	0.649 9
浙江	0.553 4	1.033 8	0.990 9	2.409 1	陕西	13.495 0	8.189 0	20.971 4	64.995 5
安徽	0.250 1	0.328 2	3.101 5	1.661 6	甘肃	2.671 3	0.231 7	0.178 9	4.152 6
福建	0.547 6	0.252 9	0.565 7	3.216 1	青海	2.038 5	0.016 6	0.492 1	0.251 5
江西	0.474 3	0.857 6	3.814 6	5.108 8	宁夏	1.547 5	0.611 2	2.642 2	4.366 8
山东	12.001 8	2.353 6	11.325 6	2.511 4	新疆	0.635 9	2.488 8	5.166 7	0.944 2

6.2.3 绿色基础维度的驱动研究

根据式(6.2),可分别计算出绿色基础维度中人均总产值、人均粮食产量、绿色发展支出和人均可支配收入四个指标的灵敏度,所得结果如表6.3所示。经计算，在2011—2020年，四个分指标灵敏度的均值分别为0.830 6、0.378 4、1.217 2和1.085 4，整体差距较小，相对而言，绿色发展支出和人均可支配收入的灵敏度较高，表明这两者在驱动农村绿色基础方面可以发挥更大的作用。人均粮食产量在历年中的灵敏度都小于1，反映了该指标在驱动农村绿色基础发展方面的边际贡献不足。尤其是在样本后期，人均可支配收入的灵敏度都超过2，意味着农民增收成为近年来农村绿色发展的重要动力，也是乡村振兴战略的重要目标。

表6.3   2011—2020年我国农村绿色基础各指标的灵敏度

时间	灵敏度				时间	灵敏度			
	人均总产值	人均粮食产量	绿色发展支出	人均可支配收入		人均总产值	人均粮食产量	绿色发展支出	人均可支配收入
2011	0.362 5	0.356 2	1.245 8	0.589 6	2 016	0.685 8	0.327 8	0.907 9	0.169 5
2012	0.319 3	0.323 9	0.244 4	0.444 9	2 017	0.178 1	0.376 8	0.891 3	0.628 1
2013	0.352 6	0.840 6	0.599 9	0.580 0	2 018	2.123 6	0.883 4	4.418 3	2.181 4
2014	0.971 5	0.178 8	0.403 7	1.479 2	2 019	0.939 8	0.015 7	1.436 6	2.322 0
2015	1.114 9	0.111 1	1.037 9	0.233 3	2 020	1.257 5	0.369 6	0.986 4	2.225 8

进一步，分区间测算人均总产值、人均粮食产量、绿色发展支出和人均可支配收入四个指标的灵敏度，所得结果如表6.4所示。可以发现，河北、内蒙古、浙江、山东的各指标灵敏度都超过1，意味着这些指标对农村绿色基础的边际贡献都很大，这些地区农村绿色发展的空间也很大。而安徽、江西、河南、湖北、湖南、广东、海南、四川、贵州、云南、陕西和宁夏的各指标灵敏度都小于1，说明这些地区的农业发展进入了一个相对稳定阶段，驱动农村绿色发展还需要考虑更多的敏感性要素。综合所有地区的平均水平来看，绿色发展支出的灵敏度最高，达到2.117 2，说明加强地方财政对农林水事务的支出，仍然是农村绿色发展的重要基础保障。

表 6.4   2011—2020 年我国各地区农村绿色基础各指标的平均灵敏度

地区	人均总产值	人均粮食产量	绿色发展支出	人均可支配收入	地区	人均总产值	人均粮食产量	绿色发展支出	人均可支配收入
北京	2.249 2	0.993 0	4.046 0	1.410 6	河南	0.241 4	0.098 1	0.607 7	0.583 2
天津	0.875 1	0.462 0	3.898 5	1.567 2	湖北	0.362 7	0.332 6	0.086 2	0.246 2
河北	2.624 7	3.000 6	9.243 0	2.237 5	湖南	0.364 1	0.050 0	0.189 8	0.329 3
山西	2.883 6	0.918 6	2.882 9	4.699 8	广东	0.152 8	0.078 9	0.862 7	0.349 9
内蒙古	2.589 6	1.069 8	3.593 8	2.748 0	广西	1.138 1	0.048 7	0.476 4	3.425 7
辽宁	2.303 9	2.721 8	2.903 6	1.531 9	海南	0.130 2	0.177 5	0.272 5	0.278 4
吉林	0.305 3	0.237 5	2.198 9	0.139 9	重庆	1.187 3	0.130 3	1.105 4	1.289 5
黑龙江	0.676 0	0.112 6	2.516 4	0.574 3	四川	0.985 6	0.023 1	0.693 6	0.995 7
上海	0.188 1	1.121 7	2.051 1	1.259 2	贵州	0.173 4	0.604 2	0.082 7	0.236 8
江苏	0.920 9	0.136 9	1.292 0	1.137 9	云南	0.657 1	0.027 7	0.943 9	0.577 9
浙江	2.677 7	1.823 4	5.530 5	5.151 1	陕西	0.877 1	0.420 2	0.806 7	1.107 1
安徽	0.216 3	0.145 0	0.625 3	1.308 1	甘肃	0.605 4	0.201 0	1.033 1	0.536 1
福建	0.331 9	0.358 5	5.958 5	0.259 8	青海	0.701 3	0.145 9	1.226 3	0.718 3
江西	0.798 9	0.035 5	0.692 6	0.239 0	宁夏	0.199 8	0.017 5	0.208 2	0.158 4
山东	1.951 7	0.918 9	4.591 4	6.239 0	新疆	1.553 0	0.379 1	2.897 4	2.291 4

6.2.4   绿色资源维度的驱动研究

根据式（6.2），可分别计算出绿色资源维度中卫生机构比例、医卫人员比例、农作物播种面积和沼气工程四个指标的灵敏度，所得结果如表 6.5 所示。经计算，在 2011—2020 年，四个分指标灵敏度的均值分别为 0.221 9、0.574 4、0.211 3 和 1.333 1，整体差距不大，相对而言，沼气工程的灵敏度较高，表明该指标在驱动农村绿色资源发展方面可以发挥更大的作用。卫生机构比例和农作物播种面积在历年中的灵敏度都小于 1，也说明这两个指标的驱动力相对较小。

表 6.5　2011—2020 年我国农村绿色资源各指标的灵敏度

时间	灵敏度				时间	灵敏度			
	卫生机构比例	医卫人员比例	农作物播种面积	沼气工程		卫生机构比例	医卫人员比例	农作物播种面积	沼气工程
2011	0.093 6	0.028 5	0.396 5	1.275 6	2016	0.046 9	0.474 1	0.221 6	0.461 9
2012	0.130 4	0.010 0	0.160 4	3.702 6	2017	0.187 0	0.216 2	0.073 1	0.751 4
2013	0.124 4	0.282 9	0.021 6	2.320 4	2018	0.275 5	1.364 9	0.177 9	2.427 0
2014	0.330 0	0.324 1	0.236 9	0.498 1	2019	0.316 0	2.496 4	0.087 7	0.469 6
2015	0.352 8	0.147 1	0.560 1	0.730 2	2020	0.362 5	0.399 6	0.177 5	0.693 6

　　进一步，分区间测算卫生机构比例、医卫人员比例、农作物播种面积和沼气工程四个指标的灵敏度，所得结果如表 6.6 所示。可以发现，辽宁、江苏、湖南、广东、海南、贵州、陕西和宁夏等地区，四个指标的灵敏度系数都小于 1，反映出这些地区的农业绿色资源已经进入平稳状态。绝大多数地区沼气工程的灵敏度都大于 1，且在山东、河北、山西和河南等地区，沼气工程的灵敏度还超过 10，由此强化了该指标在农村绿色资源维度中的较大贡献。而从各地区的均值来看，其余三个指标的灵敏度均值都小于 1，沼气工程灵敏度均值达到 5.239 4，这意味着大力发展沼气工程项目，对丰富农村绿色资源具有极大的帮助，可以成为驱动农村绿色发展的重要动力。

表 6.6　2011—2020 年我国各地区农村绿色资源各指标的平均灵敏度

地区	卫生机构比例	医卫人员比例	农作物播种面积	沼气工程	地区	卫生机构比例	医卫人员比例	农作物播种面积	沼气工程
北京	0.082 6	0.022 6	2.129 1	1.914 4	河南	0.434 2	0.035 2	0.160 9	10.475 6
天津	0.727 2	0.569 6	0.413 5	2.774 5	湖北	0.359 7	0.510 1	0.135 4	4.353 3
河北	0.869 5	0.889 0	0.239 3	27.005 8	湖南	0.140 0	0.219 8	0.178 1	0.916 4
山西	0.956 5	0.747 4	0.931 5	11.683 6	广东	0.056 6	0.331 7	0.084 0	0.777 9
内蒙古	0.137 0	0.360 7	0.841 8	7.723 5	广西	0.710 8	0.014 7	0.495 6	2.741 9
辽宁	0.663 6	0.871 4	0.639 4	0.587 0	海南	0.176 9	0.034 8	0.126 7	0.875 5
吉林	0.632 4	0.344 9	0.026 1	1.550 7	重庆	0.252 0	0.225 2	0.308 3	1.399 1
黑龙江	0.347 5	0.550 7	0.292 7	2.924 9	四川	0.237 2	0.119 2	0.309 8	3.575 3

表6.6(续)

地区	卫生机构比例	医卫人员比例	农作物播种面积	沼气工程	地区	卫生机构比例	医卫人员比例	农作物播种面积	沼气工程
上海	0.005 8	0.334 8	0.576 9	1.287 5	贵州	0.037 3	0.022 1	0.128 0	0.340 5
江苏	0.080 4	0.963 6	0.303 0	0.112 4	云南	0.114 5	0.103 8	0.121 8	2.811 6
浙江	0.139 8	2.074 4	0.393 7	5.179 4	陕西	0.170 4	0.027 9	0.200 7	0.520 1
安徽	0.003 6	0.185 9	0.003 4	3.282 0	甘肃	0.034 8	0.150 0	0.118 8	4.208 5
福建	0.180 9	0.656 4	0.339 4	6.946 5	青海	0.142 3	0.337 7	0.192 3	3.314 8
江西	0.395 3	0.264 4	0.157 3	3.092 5	宁夏	0.183 2	0.025 3	0.085 3	0.535 0
山东	1.220 2	6.162 8	0.052 8	40.242 4	新疆	0.024 6	0.184 7	0.469 9	4.030 7

6.2.5 绿色环境维度的驱动研究

根据式（6.2），可分别计算出绿色环境维度中柴油使用量、农药使用量、塑料薄膜使用量和森林病虫鼠害防治率四个指标的灵敏度，所得结果如表6.7所示。经计算，在2011—2020年，四个分指标灵敏度的均值分别为0.641 6、1.237 4、0.814 3和1.324 9，整体差距也较小，反映出这些指标在改善农村绿色环境方面的作用较为接近。相对而言，农药使用量和森林病虫鼠害防治率的灵敏度系数最高，表明这两者在优化农村绿色环境方面可以发挥更大的作用。但在样本后期，四个指标的灵敏度都较大，由此明确了我国优化农村绿色发展环境的重要方向。

表 6.7　2011—2020 年我国农村绿色环境各指标的灵敏度

时间	灵敏度				时间	灵敏度			
	柴油使用量	农药使用量	塑料薄膜使用量	森林病虫鼠害防治率		柴油使用量	农药使用量	塑料薄膜使用量	森林病虫鼠害防治率
2011	0.182 5	0.369 6	0.652 4	1.002 5	2016	0.138 5	0.493 6	0.273 7	0.443 3
2012	0.284 1	1.034 5	0.560 4	1.398 9	2017	0.160 6	0.156 3	0.235 0	1.206 2
2013	0.043 7	0.398 5	0.129 5	0.280 7	2018	1.404 6	5.123 1	2.826 1	0.115 4
2014	0.003 3	0.348 6	0.695 3	2.093 7	2019	2.105 1	1.474 9	1.222 2	4.327 4
2015	0.457 9	0.038 8	0.185 5	0.012 4	2020	1.635 2	2.936 5	1.362 5	2.368 2

进一步地，分区间测算柴油使用量、农药使用量、塑料薄膜使用量和森林病虫鼠害防治率四个指标的灵敏度，所得结果如表 6.8 所示。可以发现，江苏、安徽、江西、河南、湖北、湖南、广东、重庆、四川、云南、甘肃和新疆等地区，四个指标的灵敏度系数都小于 1，反映出这些地区的农业绿色环境已经进入平稳状态，也反映出我国广大农村地区在环境建设方面已经做出了较大努力，也取得了较好的效果。对比之下，内蒙古自治区四个指标的灵敏度系数都大于 1，表明该地区农村环境改善的空间较大。从各地区的均值来看，四个指标的灵敏度均值分别为 0.580 7、1.194 8、0.711 8 和 1.669 1，因而森林病虫鼠害防治率是改善我国农村绿色环境的重要抓手。

表 6.8 2011—2020 年我国各地区农村绿色环境各指标的平均灵敏度

地区	柴油使用量	农药使用量	塑料薄膜使用量	森林病虫鼠害防治率	地区	柴油使用量	农药使用量	塑料薄膜使用量	森林病虫鼠害防治率
北京	0.929 2	0.150 6	1.478 1	0.034 6	河南	0.081 0	0.123 8	0.188 8	0.444 8
天津	3.174 4	0.434 9	1.313 1	0.069 1	湖北	0.074 0	0.130 9	0.385 8	0.789 0
河北	2.905 8	13.917 2	7.415 4	0.557 1	湖南	0.022 5	0.170 1	0.013 0	0.803 1
山西	0.033 9	1.363 0	2.231 9	8.438 4	广东	0.061 1	0.175 3	0.050 1	0.661 4
内蒙古	1.390 6	3.575 1	2.417 1	5.674 7	广西	0.143 2	0.586 2	0.070 1	10.834 4
辽宁	0.238 6	1.361 5	0.106 2	0.563 2	海南	0.378 6	0.740 5	0.763 6	3.875 5
吉林	0.169 4	0.442 9	0.283 0	1.446 4	重庆	0.402 1	0.259 6	0.121 7	0.644 9
黑龙江	0.184 4	0.472 4	0.325 4	1.487 2	四川	0.031 5	0.715 2	0.031 5	0.363 6
上海	1.095 9	0.857 3	0.123 4	0.192 7	贵州	0.061 3	0.736 2	0.267 8	2.699 4
江苏	0.152 3	0.370 5	0.225 9	0.158 7	云南	0.742 2	0.136 4	0.126 3	0.042 0
浙江	0.329 7	1.950 1	0.333 9	2.329 0	陕西	0.176 5	0.176 3	0.255 5	1.367 7
安徽	0.230 0	0.453 6	0.114 8	0.391 1	甘肃	0.041 4	0.019 2	0.292 7	0.082 5
福建	0.429 1	0.869 2	0.783 4	1.100 8	青海	0.004 3	0.810 2	0.189 0	1.195 4
江西	0.512 4	0.889 2	0.151 8	0.715 2	宁夏	0.143 6	0.062 4	0.027 6	1.968 2
山东	3.071 3	3.303 8	1.099 5	0.668 5	新疆	0.209 7	0.590 9	0.166 1	0.473 7

6.2.6 绿色技术维度的驱动研究

根据式（6.2），可分别计算出绿色技术维度中热能技术、电力技

109

6
农村绿色发展的驱动因素分析

术、网络技术和机械技术四个指标的灵敏度，所得结果如表6.9所示。经计算，在2011—2020年，四个分指标灵敏度的均值分别为0.384 9、0.717 1、1.800和0.261 9，整体差距并不是很大，反映出这些指标在改善农村绿色技术方面的作用较为接近。相对而言，网络技术的灵敏度系数最高，表明人均农村宽带接入户数在优化农村绿色技术方面可以发挥更大的作用。尤其是在样本后期，网络技术的灵敏度都较大，说明互联网的普及为丰富农民娱乐活动、满足农民不断增长的精神文化需求提供了较大的帮助，也由此明确了我国优化农村绿色发展技术的重要方向。

表6.9　2011—2020年我国农村绿色技术各指标的灵敏度

时间	灵敏度				时间	灵敏度			
	热能技术	电力技术	网络技术	机械技术		热能技术	电力技术	网络技术	机械技术
2011	0.253 4	0.236 9	0.826 4	0.365 8	2016	0.223 2	0.534 7	0.037 3	0.305 9
2012	0.115 9	0.495 7	1.030 8	0.109 7	2017	0.336 2	0.622 7	0.895 4	0.008 9
2013	0.298 9	0.291 4	0.254 1	0.528 0	2018	0.289 3	3.773 2	5.511 1	0.502 7
2014	0.577 1	0.349 5	0.056 4	0.406 0	2019	0.730 8	0.452 9	3.191 1	0.058 7
2015	0.163 0	0.044 8	3.928 8	0.269 1	2020	0.861 5	0.369 5	2.268 5	0.064 1

进一步，分区间测算热能技术、电力技术、网络技术和机械技术四个指标的灵敏度，所得结果如表6.10所示。可以发现，安徽、江西、湖北、湖南、海南和宁夏等地区，四个指标的灵敏度系数都小于1，反映出这些地区的农业绿色技术已经进入平稳状态；而山西和辽宁四个指标的灵敏度都大于1，表明这两个地区农村绿色技术改善的空间较大；河北的机械技术灵敏度仅为0.366 4，但电力技术和网络技术的灵敏度分别达到12.359 3和10.204 4，表明作为华北平原的主要场所，河北的农业机械化水平对于提升农村绿色技术继而驱动农村绿色发展方面的边际贡献在降低，但电力技术和网络技术的驱动作用更为明显，这与江西、甘肃等地区的农村绿色技术驱动要素刚好相反。从各地区的均值来看，四个指标的灵敏度均值分别为1.077 7、1.134 2、2.736 1和0.920 6，由此可见，网络技术确实在改善我国农村绿色技

術方面发挥着较大的边际贡献。

表 6.10　2011—2020 年我国各地区农村绿色技术各指标的平均灵敏度

地区	热能技术	电力技术	网络技术	机械技术	地区	热能技术	电力技术	网络技术	机械技术
北京	2.482 2	0.380 9	2.954 3	0.934 0	河南	0.889 2	0.140 3	2.163 6	0.611 0
天津	0.273 5	1.229 0	0.882 8	0.960 8	湖北	0.802 7	0.402 7	0.402 9	0.127 0
河北	1.685 4	12.359 3	10.204 4	0.366 4	湖南	0.259 1	0.073 3	0.911 1	0.167 3
山西	4.261 1	1.899 5	5.776 9	2.214 4	广东	2.702 8	0.132 8	0.430 8	0.177 9
内蒙古	2.014 8	0.882 6	5.966 0	0.682 5	广西	1.166 3	0.847 1	3.444 6	0.713 8
辽宁	1.297 0	1.213 1	5.293 0	7.297 2	海南	0.001 3	0.336 0	0.872 9	0.038 7
吉林	0.123 9	0.029 9	1.165 9	0.310 7	重庆	2.524 8	0.223 2	2.725 5	0.393 8
黑龙江	0.141 9	0.723 1	5.158 8	0.507 2	四川	0.534 2	0.372 1	2.531 1	0.195 7
上海	0.343 6	2.800 5	0.000 0	0.583 7	贵州	0.468 1	0.134 7	0.843 1	1.720 1
江苏	0.909 8	0.322 2	2.571 7	0.247 0	云南	0.500 9	0.429 0	1.420 6	0.075 9
浙江	0.523 9	0.981 7	2.082 3	0.807 8	陕西	0.392 1	0.730 7	3.805 7	0.229 4
安徽	0.407 3	0.290 2	0.534 1	0.265 6	甘肃	0.322 7	0.263 9	0.022 0	1.104 1
福建	0.061 8	0.069 9	2.102 7	0.039 7	青海	0.448 9	0.680 3	3.354 2	0.195 7
江西	0.815 0	0.267 0	0.297 9	0.952 1	宁夏	0.526 8	0.044 4	0.702 2	0.230 7
山东	0.489 6	4.511 1	8.294 5	4.545 4	新疆	4.959 8	1.256 2	5.168 8	0.921 5

6.3　外部驱动因素研究

第 4 章中探讨的六个外显变量，主要是从各地区农村自身实际出发，从内部维度分析其对农村绿色发展的影响。但各地区农村绿色发展水平、速度与趋势也会因外在环境变化而不同，一些非农村指标的波动也会影响到农村绿色发展。因此，本部分将从影响农村绿色发展的外源因素出发，希冀从非农村角度寻找农村绿色发展的外源驱动因素，从而为驱动农村绿色发展提供外在保障。

6.3.1　外部驱动因素的考察

参考 Shuai Shao（2016）等学者的成果，本部分主要从五个非农方面考察农村绿色发展的外部驱动因素。

1. 地区科技实力

科学技术作为第一生产力，在经济发展中的重要性是不言而喻的，在驱动农村绿色发展方面也具有显著的价值。一方面，地区科技水平有助于丰富并完善农业机械设备的功能，为农业机械设备的使用提供支撑和保障，提升农业机械化的使用效率，从而加速农村发展的绿色化进程。另一方面，科技水平的提升，也可以不断改良农产品的种植技术，通过优化农产品种植环境和生产效率，提高农产品的产量和供给速度。目前，大多数学者普遍采用地区专利水平来衡量该地区的科技实力，因而本书也采用各地区的专利授权量来衡量地区科技水平，用符号"zhuanli"表示。

2. 地区金融发展

金融发展可为地区经济增长起到加速作用，尤其是在开放条件下，不断完善的信用体系为金融发展提供了良好的基础，更有助于提升金融服务实体经济的功能（赵慧娥 等，2022）。而在乡村振兴战略背景下，金融体系的发展，尤其是良好的绿色金融体系可以快速、便捷、低成本地融通和调节社会闲置资本（常永佳，2022），这些资本在"三农"政策的导向下，可以快速进入农村地区，从而加速农村绿色发展的建设进程。此外，在逐利本性的驱使下，这些资本也可更有效地进入资金短缺行业，从而为这些行业的发展提供必需的资本要素。由此可见，金融水平提高了地区间的资金融通效率，可为该地区农村绿色发展提供更便利的融资服务，从而解决农村发展所需的资金难题。本书用地区社会融资规模增量作为该指标的代理变量，用符号"finance"表示。

3. 地区经济增长

近代历史的教训使我们充分认识到落后就要挨打，只有不断解放生产力、发展生产力，全面推进各行各业的有机发展，才能破局，才能满足不断增长的物质文化需要，才能发挥经济增长对于改善居民生活、提高居民生活质量的重要性，因而我国长期以来都将经济建设作为最重要的基本国策。经济增长不仅可以衡量农民收入水平，还可以通过增加贸易顺差和财源收入等方式来提高地方财政支出能力，从而为推动农村绿色发展过程中所需要的资金提供财力支持。该指标用符号"GDP"表示。

4. 地区物价水平

物价对经济的影响是全面的，地区物价水平的提升将显著降低可支配收入的购买力，从而降低农民幸福感，继而影响到农村地区的绿色发展速度。此外，地区物价水平还可以视为农产品价格的风向标，但由于农产品存在天然的需求弹性不足，"谷贱伤农"暗示着物价的结构性要素应该得到重视，农产品价格应该得到保障，这样才不会降低农民生产的积极性，进而确保粮食产量稳定。因此，地区物价水平也可以视为农村绿色发展的潜在驱动外因。本书用各地区的同期居民消费价格指数来衡量地区物价水平，并用符号"CPI"来表示该指标。

5. 城市养老服务

原本城市化建设带来的福利能吸引大量农民工进城，如今城市养老体系不断完善，养老设施逐渐丰富，进一步吸引了更多劳动力涌入城市，寻找高收入的舒适工作和有保障的退休生活。养老服务的优化，本身是爱老敬老这一传统孝道理念的实践化，但城乡养老体制的差异，在锐减农村劳动规模投入的同时，也打击了青少年在农村生活与工作的积极性，从而降低了农村劳动力的生产效率。本书采用城镇职工基本养老保险基金支出作为城市养老服务的代理指标，用符号"pension"表示。

以上数据均来自国家统计局网站、历年《中国农村年鉴》、历年《中国金融年鉴》和 Wind 数据库。为缩小量纲，也为缓解后面实证分析中可能存在的异方差影响，对地区专利水平、地区金融水平、地区经济水平和城市养老服务四个指标进行对数处理。同时，为匹配前面的实证分析，本部分的样本也取自 2010—2020 年全国 30 个省（区、市）（不含港澳台地区和西藏自治区数据）。

6.3.2 外部驱动因素的模型设计

本部分内容拟采用脉冲响应与方差分解的原理来探讨我国农村绿色发展的外部驱动因素问题，借助实证结果来寻找驱动我国农村绿色发展的外部因素。根据前面的数据分析，本部分首先需要建立的是外部驱动因素对农村绿色发展的面板 VAR 模型。

面板 VAR 模型是对传统 VAR 模型的扩展，不仅继承了传统 VAR 模型的一些特点，还通过将研究对象从时序数据扩展到面板数据，使得在进行实证分析时，需要进一步考虑个体效应和时间效应。根据 6.3.1 节对外部因素的考察，借助脉冲响应的基本原理，设计外部因素冲击农村绿色发展的面板 VAR（p）模型，可表示为：

$$y_t = c + \sum_{i=1}^{p} \beta_i y_{t-i} + \varepsilon_t \qquad (6.3)$$

其中，c 为 k×1 常数向量；y_t 是 k 维内生变量列向量，代表的是农村绿色发展水平；p 是滞后阶数；β_i 为 k×k 维系数矩阵；$\varepsilon_t \varepsilon_t$ 为 k 维扰动项。

面板 VAR 模型可以通过以下几个步骤进行构建：第一，单位根和协整检验，判断每个变量是否平稳，变量间有没有长期均衡关系；第二，模型最优滞后阶数的确定，在滞后阶数的选择时，一方面要使模型阶数尽量大以便更充分地体现所构建模型的动态特征，另一方面要考虑到模型的自由度；第三，利用面板广义矩估计（GMM）估计模型参数；第四，计算脉冲响应函数和误差项的方差分解，脉冲响应函数衡量是当一个误差项发生变化时，模型受到某个变量的标准化冲击时对系统所产生的动态影响。

6.3.3 外部驱动因素的检验

在将地区科技实力、地区金融发展、地区经济增长、地区物价水平和城市养老服务对农村绿色发展进行脉冲响应分析之前，首先需要对各指标进行平稳性检验，以确保模型估计的稳健性。采用 LLC（Levin-Lin-Chu）和 Fisher 方法对各变量进行平稳性检验，所得结果如表 6.11 所示。同时估计矩阵的单位根，如图 6.1 所示。显然可见，不管是 LLC 方法还是 Fisher 方法，各变量的统计量都通过了显著性检验，且单位根都位于单位圆以内，由此说明变量不存在单位根，所设计模型具有一定的稳健性。

表 6.11　各变量的平稳性检验结果

指标	LLC	Fisher
zhuanli	-3.635 8***	3.994 1***
finance	-1.498 3*	3.001 4***
GDP	-7.585 7***	7.786 3***
CPI	-22.127 5***	7.783 8***
pension	-7.924 4***	4.216 6***
CGD	-3.256 5*	1.702 6**

注："***""**""*"分别表示在1%、5%、10%水平下通过显著性检验。

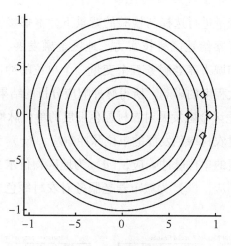

图 6.1　单位根检验

　　由于变量是平稳的，可以采用面板 VAR 模型进行实证分析，因而接下来需要对模型可能采用的滞后阶数进行检验。根据 AIC、BIC 和 HQIC 准则进行滞后阶数的检验，发现模型的最优滞后阶数为 2 阶，此时三个准则的系数都最小，说明选择滞后 2 阶的面板 VAR 模型是稳定的。滞后阶数检验如表 6.12 所示。

表6.12　滞后阶数检验

Lag	AIC	BIC	HQIC
1	−20.904 6	−18.018 2	−19.745 4
2	−25.277 9*	−21.612 4*	−23.800 8*
3	−22.802 9	−18.197 2	−20.940 7
4	−23.614 6	−17.845 3	−21.275 2
5	71.276 7	78.534 6	74.225 5

注："*"表示在1%的显著性水平下通过检验。

6.3.4　外部驱动因素的比较

在对上述变量进行选择与检验的背景下，本书接下来将进行脉冲响应分析，以考察给地区科技实力、地区金融发展、地区经济增长、地区物价水平和城市养老服务五个变量一个单位的冲击，能对农村绿色发展带来多大程度的影响。所得脉冲响应分析的结果如图6.2所示。其中，（a）为地区金融发展对农村绿色发展的单位脉冲响应，（b）为地区科技实力对农村绿色发展的单位脉冲响应，（c）为地区经济增长对农村绿色发展的单位脉冲响应，（d）为地区物价水平对农村绿色发展的单位脉冲响应，（e）为城市养老服务对农村绿色发展的单位脉冲响应。

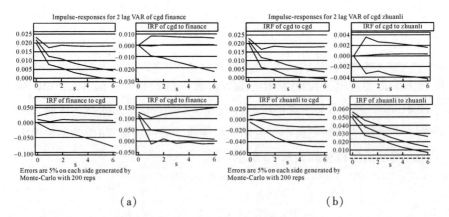

(a)　　　　　　　　　　　　　　(b)

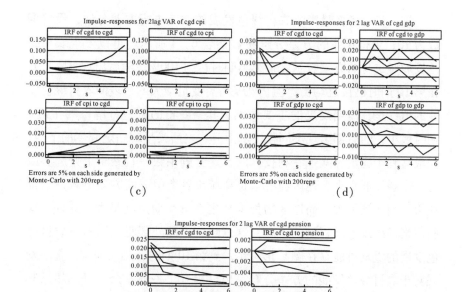

图 6.2　面板 VAR 模型的脉冲响应

根据图 6.2 可以发现，当给地区物价水平一个单位冲击，给地区金融发展一个单位冲击后，给农村绿色发展带来了长期正向的影响，并且这种影响较为稳定；当给地区科技实力一个单位冲击后，期初时的响应几乎为 0，但从第 1 期开始，这种响应便转为正数，随后保持长期稳定；当给地区物价水平一个单位冲击后，可以发现给农村绿色发展带来了积极的影响，并且影响效应逐年扩大；当地区经济发展受到一个单位冲击后，其对农村绿色发展的影响呈现波浪式徘徊，但整体影响系数为正；城市养老服务所受到的冲击，在短期内对于农村绿色发展起到了消极的影响，但很快便恢复稳定。从影响方向来看，金融发展和科技实力能有效推动农村绿色发展的可持续性，而经济增长、物价波动和城市养老服务则对农村绿色发展存在消极的影响。因此，金融发展水平和科技实力是驱动我国农村绿色发展的主要外因。

进一步对各变量影响农村绿色发展的效应进行方差分解，设置期数为10，可得具体的方差分解系数如表6.13所示。可以发现农村绿色发展对自身的方差贡献度在第1期时达到100%，随后出现下降，并在第10期时已接近均衡，但仍然是所有变量最大的，表明农村绿色发展的惯性是其短期发展的主要诱因。其余变量的方差分解系数在第1期时最小，随后都出现不同程度的上升，之后又呈现一定幅度的下滑，但最后趋于稳定。除了专利技术的方差分解系数一直处于上升趋势以外，金融发展水平、地区经济增长和城市养老服务的方差分解系数都在第4期达到最大，而地区物价水平也在第5期达到最大，此外，这些因素都出现不同程度的下降，这意味着不同外部驱动因素对农村绿色发展的贡献可能存在倒U形关系。到第10期时，相对而言，金融发展对于农村绿色发展的方差分解系数已提升了一倍有余，且远超过其他四个变量，这意味着金融发展对于农村绿色发展的驱动效应最具有可持续性，也进一步表明，从长远来看，金融发展水平可以成为我国农村绿色发展最有力的外部驱动因素。此外，地区专利水平的方差分解系数在第2期达到最小，但随后迅速反弹，在所有的外部影响因素中，该指标从第1期到第10期具有最快的平均增速，因而地区科技实力也可以在驱动农村绿色发展过程中发挥中流砥柱的作用。

表6.13　方差分解系数

时期	1	2	3	4	5	6	7	8	9	10
CGD	1.000	0.979	0.927	0.867	0.806	0.757	0.724	0.707	0.701	0.700
finance	0.251	0.467	0.623	0.685	0.386	0.657	0.623	0.595	0.579	0.572
zhuanli	0.013	0.007	0.022	0.075	0.159 6	0.236	0.294	0.326	0.339	0.340
pension	0.276	0.372	0.419	0.419	0.397	0.378	0.372	0.377	0.385	0.388
GDP	0.169	0.298	0.389	0.414	0.407	0.387	0.363	0.342	0.326	0.313
CPI	0.058	0.206	0.364	0.424	0.427	0.404	0.380	0.368	0.366	0.369

6.4　区际驱动因素研究

根据第5章的研究，农村绿色发展存在一定的空间溢出效应，而相邻地区的一些经济指标也会反作用于本地区的农村绿色发展水平。因此，从其他地区农村绿色发展的变化特征出发，寻找本地区农村绿色发展的区际驱动因素，也可以成为一个新的研究方向。

6.4.1 区际驱动因素的影响

本部分借助社会网络分析方法，采用引力模型来探索了区际驱动因素的影响。

基础引力模型的构建主要参考刘华军等（2015）的做法，将更多的宏观指标纳入模型中以改进模型，改进的引力模型如式（6.4）和式（6.5）所示：

$$GRA_{i,j,t} =$$

$$ROC_{i,j,t} \frac{\sqrt[3]{POP_{i,t} * DEB_{i,t} * GDP_{i,t}} * \sqrt[3]{POP_{j,t} * DEB_{j,t} * GDP_{j,t}}}{[DIS_{i,j}/(gdp_{i,t} - gdp_{j,t})]^2}$$

$$(6.4)$$

$$ROC_{i,j,t} = \frac{CGD_{i,t}}{CGD_{i,t} + CGD_{j,t}} \qquad (6.5)$$

其中 i、j 代表地区，t 代表年份，$GRA_{i,j,t}$ 代表 t 年省份 i 和省份 j 之间农村绿色发展的引力值，$ROC_{i,j,t}$ 代表 t 年省份 i 对省份 i 和省份 j 之间关联关系的贡献率，$OPO_{i,t}$ 代表 t 年末省份 i 总人口，$OGD_{i,t}$ 代表 t 年末省份 i 农村绿色发展水平，$GDP_{i,t}$ 代表 t 年省份 i 的地区生产总值总量，$DIS_{i,t}$ 是省份 t 和省份 j 之间的省会距离，$gdp_{i,t}$ 是 t 年省份 i 的人均地区生产总值。通过式（6.9）和式（6.10）计算出每个省份之间的引力值之后，便可以构造引力二值矩阵，构造方法如下：先把每个行省份对列省份的引力值求均值；再依次比较行省份对列省份的引力值和均值的大小，若引力值大于均值则赋值为 1，则认为该行省份和列省份农村绿色发展存在关联关系，若小于均值则赋值为 0，则认为该行省份和列省份的农村绿色发展不存在关联关系；依据赋值结果，得出各年农村绿色发展空间关联网络矩阵。

6.4.2 区际网络分析

基于改进的引力模型来识别农村绿色发展的空间关联关系，并借此构建关联矩阵，借助社会网络分析软件 Ucinet6.0 软件，可描绘其对应的网络结构（图略）。可以发现，我国各地区农村绿色发展确实存在复杂的空间网络特征，各地区之间存在明显的空间关联性，因而探索区际驱动因素有一定的必要性。

接下来测算 2010—2020 年我国农村绿色发展的空间关联网络密度，借此分析其演变趋势，如图 6.3 所示。结果发现，在 2010—2016年，我国农村绿色发展关联关系数呈现明显的上升趋势，在 2016 年达到顶点以后开始出现回落，并从 2018 年开始趋于平稳，而与之对应的网络密度也基本呈现同样的变化趋势，由此说明我国各地区农村绿色发展空间网络的关联性在前期经历了较大波动以后，后期逐步接近平稳。进一步借助网络关联度、网络等级度和网络效率等指标进行分析，也可以发现这种网络特征逐渐趋于平稳。

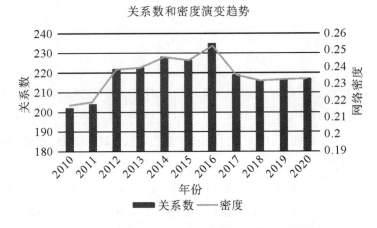

图 6.3　各地区农村绿色发展关系数与密度演变趋势

为了衡量我国各地区在农村绿色发展中的中心地位和作用，本书采用度数中心度、接近中心度和中间中心度来刻画了个体中心性。结果发现四川的相对度数中心度最大，说明其余地区与四川在农业发展方面的关联性最强。此外，江苏、黑龙江等地区也有较高的度数中心度，说明农业大省也发挥了积极的作用。从接近中心度的测算结果来看，发现江苏、天津、山东、河南、吉林等地区的接近中心度较高，说明这些地区与其他地区的空间网络距离较小，更容易与其他地区进行更多的连接，因而更能加速农村绿色发展的区际影响。而从中间中心度的测算结果来看，江苏、浙江、内蒙古、贵州、重庆、甘肃等地区的中间中心度较高，可以在农村绿色发展的空间关联网络中发挥较强的中介作用，能迅速传递农业发展的空间信息，有利于从空间视角驱动农村绿色发展。

6.4.3 QAP 相关分析

为了量化分析区间驱动因素的影响，本书接下来借助 QAP 相关分析和回归分析来寻找农村绿色发展的区际驱动因素。首先从地理位置决定的空间邻接关系 s 、经济发展水平差异 $d-gap$ 、农业财政扶持差异 $d-fg$ 、城镇化水平差异 $d-ur$ 、老龄化程度差异 $d-ag$ 以及农业在三次产业中的比重 $d-ai$ 六个方面来设计影响因素，然后参考大多数学者的做法，选择 5 000 次随机置换次数，对 2010—2020 年我国农村绿色发展空间关联网络及其影响因素进行 QAP 相关分析。鉴于各年的相关系数和显著性水平相差不大，同时考虑篇幅所限，本书仅选取 2020 年的回归结果进行分析，如表 6.14 所示。在表 6.14 中，实际相关系数是根据第一步的两个长向量直接计算出来的相关系数，相关系数均值是进行 5 000 次随机置换时计算的相关系数的平均值。P≥0 是 5 000 次随机置换计算的相关系数大于且等于第一步计算出来的实际相关系数的概率，P≤0 是 5 000 次随机置换计算的相关系数小于且等于第一步计算出来的相关系数的概率。

表 6.14 空间关联矩阵与其影响因素的 QAP 相关分析结果

变量	实际相关系数	显著性水平	相关系数均值	标准差	P≥0	P≤0
s	0.205	0.000	0.000	0.025	0.000	1.000
$d-gap$	0.310	0.000	0.001	0.032	0.000	1.000
$d-ai$	0.263	0.002	0.001	0.041	0.015	0.985
$d-ur$	0.071	0.115	0.001	0.052	0.112	0.888
$d-fg$	0.429	0.000	-0.001	0.069	0.000	1.000
$d-ag$	0.072	0.068	0.000	0.026	0.257	0.743

从表 6.14 中可以发现，各影响系数都为正，体现了区际因素的正向驱动效果。且 s、d-ai、d-gap 和 d-fg 都通过了显著性检验，因而地理位置决定的空间邻接关系、经济发展水平差异、农业财政扶持差异、农业在三次产业中的比重都是影响农村绿色发展的区际驱动因素，要努力挖掘周边地区的这些因素，作为本地区农村绿色发展的参考指标。

6.4.4　QAP 回归分析

为了全面衡量各地区农村绿色发展中空间网络的复杂性，还需要借助 QAP 回归分析来探索多个矩阵之间的关联。同样选择 5 000 次随机置换，对 2010—2020 年的农村绿色发展水平进行回归，发现回归系数、显著性水平及调整的 R^2 相差不大，故以 2020 年的回归结果进行详细说明，2020 年回归结果如表 6.15 所示。

表 6.15　空间关联网络与其影响因素的 QAP 回归分析结果

变量	非标准化回归系数	标准化回归系数	显著性概率	P_1	P_2
s	0.120 3	0.263 5	0.000	0.000	1.000
d-gap	0.075 1	0.462 1	0.000	0.000	1.000
d-ai	0.013 2	0.011 2	0.075	0.085	0.915
d-ur	-0.001 8	-0.006 9	0.252	0.236	0.764
d-fg	0.086 3	0.017 5	0.037	0.009	0.991
d-ag	0.001 7	0.025 3	0.116	0.153	0.847

根据表 6.15 可以发现，s、d-ai、d-gap 和 d-fg 仍然显著为正，表明相邻地区地理位置决定的空间邻接关系、经济发展水平差异、农业财政扶持差异、农业在三次产业中的比重都能对本地区农村绿色发展产生积极的影响，这与表 6.14 的结果是相对应的。估计系数的大小衡量了驱动农村绿色发展的差异，综合来看，相邻地区地理位置决定的空间邻接关系是最主要的区际驱动因素。

从相关指标的显著性影响情况来看，临近的地理位置更方便周边地区借鉴典型区域的良好做法，通过这种学习和模仿，有助于加速本地区农村绿色发展的步伐。经济发展水平的差距拉开了地区间的经济距离，但这增加了经济发达地区的包容性，有利于农村绿色发展低水平地区向农村绿色发展高水平地区的学习，从而缩小两地农村绿色发展水平之间的差距。农业财政扶持差异体现了不同地区农业发展过程中的资金支持力度，尤其是在要素充分流通的背景下，相邻地区的农村绿色发展水平也能得到较好的提升。而结合图 6.2、表 6.13 的结论来看，可知农业资金的投入不仅可以对本地区农村绿色发展发挥积极的作用，亦可对周边地区形成较好的正向溢出效应，因而要积极借助金融市场的功能来推动农业产出最大化。农业是第一产业的主体，其在三次产业中的比重衡量了一个地区农村发展的基础，若一个地区该指标越大，则意味着该地区农业基础较好、农业体系更健全，更有利于对邻接地区形成空间辐射效应。

6.5　本章小结

推动农村地区实现绿色发展，是党和国家近年来的重大战略方针，也是各地区农村发展实践的殷切期盼。探索可能存在的内外影响因素，可为驱动农村绿色发展提供必要借鉴。本章首先系统探讨了驱动因素的不同方面，从内部视角、外部视角和区际视角分别寻找敏感性的影响因素，然后借助相关统计方法与计量模型展开实证分析。从内部驱动因素来看，借助灵敏度分析方法进行统计测算后，发现绿色环境和绿色技术的灵敏度相对较高，尤其在样本后期，绿色技术的灵敏度持续高于其他维度的灵敏度，说明更应该考虑绿色技术作为驱动农村绿色发展的主要因子。进一步从各维度来看，促进农民增收是农村绿色基础的重要推力，大力发展沼气工程项目是驱动农村绿色资源的重要动力，提高森林病虫鼠害防治率是改善我国农村绿色环境的重要抓手，优化网络技术在改善我国农村绿色技术方面发挥着较大的边际贡献。从外部驱动因素来看，借助非结构化模型展开实证分析，发现地区科技实力、地区金融发展、地区经济增长、地区物价水平、城市养老服务都可以发挥一定的作用，但对比来看，金融发展水平和科技实力是驱动我国农村绿色发展的主要外因。从区际驱动因素来看，由于其他地区的农村绿色发展水平也能影响到本地区的农村绿色发展，因而通过社会网络分析方法进行研究发现，相邻地区地理位置决定的空间邻接关系、经济发展水平差异、农业财政扶持差异、农业在三次产业中的比重都存在显著的外溢效应，尤其是相邻地区地理位置决定的空间邻接关系，是本地区努力发展绿色农村时需要重点考虑的外在参考指标。

7 金融支持视角下农村绿色发展的长效驱动研究

根据第六章的结果可以发现，金融发展和科技水平在驱动农村绿色发展方面发挥了重要的作用。但由于金融发展在深度、广度和效率等方面的差异，以及在科技发展水平、速度和绩效等方面的差异，都可能会对不同地区农村绿色发展产生不同的影响，因而本书认为有必要对金融发展和科技水平驱动农村绿色发展进行深入分析。本章主要从金融视角探讨金融发展的驱动效应，下一章则从科技视角探讨科技发展的驱动效应。

7.1 研究回顾

基于金融深化理论，越来越多的学者在研究金融发展对各行各业经济增长带来的影响。在研究农村绿色发展领域，也有部分学者通过梳理我国农村改革的脉络和经验，来寻找农村绿色发展的推动力量，并发现农村金融制度不健全使得普惠金融发展的现实与目标存在较大矛盾，农村资金外流导致金融供求结构失衡，因而农村绿色发展迫切需要通过发挥市场的作用来解决农村金融抑制现象（魏后凯 等，2019）。基于此，早期借助金融手段来研究农村绿色发展的成果主要集中在外部监督和市场推动等方面，比如戴宴清（2012）强调金融发展对于农村绿色经济的重要性，认为证券和保险也可以发挥积极的作用，因而指出健全农村金融市场、加强农村金融供给都应当成为未来农村金融改革的重点。但上述学者的研究还是以定性分析为主，如何从实证视角出发检验金融推动农村绿色发展的合理性方面尚没有得到展开，使得研究结果缺乏有效的证据支持。为此，黄建欢等（2014）以中国各省市为研究对象，结合空间计量模型检验了金融影响农村绿色发展的机制，并发现提高资本配置效率、增强资本支持效应、完善企业监督机制等手段，都可以在农村绿色发展过程中发挥积极的作用；而朱建华和李荣强（2021）则进一步细化了区域层次，通过以贵州省为例，发现农村金融规模的扩大和农村金融效率的提升都是推动农村绿色发展的积极因素。这些研究为量化分析金融对农村绿色发展的影响提供了很好的借鉴，但现有的定量分析结果仍然存在一些缺陷，比如样本较少、稳健性检验不足等，因此从金融视角探索农村绿色发展的研究还需要进一步加强。

综上可见，尽管学者们对当前农村绿色发展已经形成一定程度的研究，并为本书的研究提供了良好的参考和启发。但同时也发现，不论是理论界还是实务界，深入而系统地研究农村绿色发展水平、发展速度和发展特征，并基于金融视角量化分析农村绿色发展的驱动因素，借之探寻促进农村绿色发展的有效政策等方面的研究都还比较滞后或者匮乏。在此背景下，本书拟借助金融发展和深化理论，对农村绿色发展的金融驱动因素展开系统识别，通过扩充实证分析所需的样本容量，以及增强稳健性检验等手段，弥补当前学术研究中存在的一些不足。与此同时，本书还尝试从金融发展的不同维度出发，寻找农村绿色发展的最优金融驱动路径，借此为国家农业农村部等部门科学制定农业和农村发展政策提供参考，亦为中国人民银行、银保监会、中国农业发展银行和国家开发银行等部门制定科学的农业支持策略提供依据。

本部分的创新之处主要表现在两个方面：其一是从金融发展广度、金融发展深度和金融发展效率三个维度共同诠释金融发展对农村绿色发展的影响；其二是基于面板模型系统比较和寻找农村绿色发展的最优金融驱动路径。

7.2　金融发展驱动农村绿色发展的理论基础

美国著名经济学家麦金农和肖提出的金融深化理论表达了金融在

促进经济增长方面具有较大作用，但发展中国家普遍存在的金融压制问题成为经济增长的阻碍因素，因而需要设法消除金融压制，通过金融自由化来驱动金融和经济增长进入良性循环。从已有的研究成果来看，金融驱动经济增长的路径主要为金融发展广度、金融发展深度和金融发展效率。

7.2.1 金融发展广度服务农村绿色发展

金融发展广度主要是指金融元素能跨越在金融系统的各个领域，金融活动的范围遍布在金融市场的各个环节，金融资源配置相对合理，市场上参与者的数量很庞大、种类很丰富，几乎涵盖了所有不同类型的金融交易参与者，包括政府、机构投资者和个人投资者，各参与者在金融市场上会近似按照理性经济人的假设从事各有目的的投资或投机。一般而言，金融市场上的参与者越多，金融市场的竞争特征越明显，市场难以被一些特定的参与者所垄断，此时的市场价格也越能充分反映交易产品的供求状况，众多投资者对市场的预期也更为理性，金融市场将逐渐由半强式有效趋近于强式有效。正因如此，在不断拓宽金融发展广度的需求背景下，普惠金融的实施在我国引起了强烈反响。然而我国当前大部分农村地区仍然存在较多的金融服务空白和竞争不充分地区，尤其是一些偏远山村地区的居民既缺乏稳定的收入来源，也没有建立完善的信用记录，使得众多投资者望而却步，很多金融产品和金融工具也都未能触及到，农村发展所面临的融资需求困境并没有切实得到有效解决。因此，在金融发展广度这一维度中，由于金融资源结构配置更为合理，尤其是可以明显提升小微企业、薄弱地区和中低收入人群的金融服务资源配置力度，这有助于为农村地区提供更丰富的融资渠道和融资方案，从而为服务农村绿色发展奠定资金基础。

7.2.2 金融发展深度加速农村绿色发展

金融发展深度描绘的是金融发展的纵向维度。在金融发展广度的基础上，金融交易将从各大行业逐步渗透到所对应的细分行业，金融活动也将突破时空界限形成错综复杂的空间关联网络，金融市场层次不断丰富，金融工具种类不断增加。因此，相对金融发展广度而言，金融发展深度预示着金融市场上金融交易的频次更快、交易量更大。在金融深度发展的背景下，金融体系的稳健性得到强化，难以因为单个机构出现风险或者个别资产出现交易异常而影响到整个金融系统的交易活动，金融市场可以有效规避非系统性的投资风险，马科维茨的投资组合理论在金融发展深度市场上可以得到全面使用。但是在金融发展相对受限的农村地区，机构投资者和个人投资者的普惠金融存在规模小、不集中、风险大、成本高等弊端，由此依旧难以有效解决农村市场融资难和融资贵等问题，导致农村发展所需资金更多的仍是依靠政府财政扶持或者金融供给制度。正因如此，金融发展深度要求证券交易在一级市场的基础上，不断开辟不同层级的金融市场。与此同时，互联网、大数据、人工智能等新型技术能够在农村金融市场得到大量开发和运用，为农村普惠金融发展寻找新路径（刘俊杰 等，2020），网络爬取、数据挖掘等手段也将进一步深入农村用以服务信用贷款、融资租赁、农业担保、社会保障等业务，从而使金融发展能更好地服务农村绿色发展。

7.2.3 金融发展效率优化农村绿色发展

金融发展效率是指金融部门提供一定服务能够带来多大规模的产出，通过投入与产出之间的关系来衡量金融部门对经济增长的贡献度。金融发展广度为驱动农村绿色发展奠定了基础，也丰富了金融市场交易者的类型，但不同交易者也会出于经济人的本性而做出排他利己行为，这意味着完全的金融自由化发展会在经济人的利益驱使下进入道德风险阶段，因而需要对金融体系加以全面监管。金融发展深度加速了农村绿色发展的步伐，也提高了市场交易的规模和频率，但也带来了交易过程中的潜在信用风险，同样需要完备的金融制度施以外部约束。在监管体制下，金融市场效率更高，金融交易更稳健、更有保障，因道德风险、操作性风险等带来的价格波动，会及时触发金融市场的熔断机制，迅速抑制价格的波动幅度，并通过干预市场参与主体的交易行为推动价格调整到保持供需均衡的状态，这意味着金融发展效率也可以反映价格回调的灵活性，还可以体现市场应对突发事件的调整能力。尤其是在农产品市场上，产量丰收带来的市场供给扩张，以及天灾、病虫鼠害等带来的突发性负外部冲击，都将影响到农产品的价格稳定。作为基本的必需品，农产品市场的价格弹性较弱，在农产品供给淡季，市场规律将充分调整农产品供需关系。然而在丰收年份存在"谷贱伤农"的经济学规律，需要借助政府补贴、定价收购等农产品价格支持政策，我国农村居民的收入才能得到一定保障，但这也会增加财政收支压力。因此，发展更有效率的金融市场，可以提高金融交易的频率和安全性，也能在缓解财政压力的同时，为乡村振兴战略提供更优质的融资服务和更安全的金融保障，从而进一步优化农村绿色发展。

7.3 理论模型与变量说明

农村绿色发展离不开金融机构的支持（韩磊，2021），本书设置了如下计量模型来考察不同地区金融水平对农村绿色发展及其相关维度指数的影响：

$$RGD_{it} = \alpha + \beta \cdot Fin_{it} + \gamma \cdot Contral_{it} + \varepsilon_{it} + \mu_t + \nu_t \quad (7.1)$$

$$GB_{it} = \alpha + \beta \cdot Fin_{it} + \gamma \cdot Contral_{it} + \varepsilon_{it} + \mu_t + \nu_t \quad (7.2)$$

$$GS_{it} = \alpha + \beta \cdot Fin_{it} + \gamma \cdot Contral_{it} + \varepsilon_{it} + \mu_t + \nu_t \quad (7.3)$$

$$GE_{it} = \alpha + \beta \cdot Fin_{it} + \gamma \cdot Contral_{it} + \varepsilon_{it} + \mu_t + \nu_t \quad (7.4)$$

$$GT_{it} = \alpha + \beta \cdot Fin_{it} + \gamma \cdot Contral_{it} + \varepsilon_{it} + \mu_t + \nu_t \quad (7.5)$$

其中，式（7.1）为金融发展影响农村绿色发展的计量模型，式（7.2）~式（7.5）分别为金融发展影响农村绿色发展各维度指数的计量模型。GB、GS、GE、GT分别代表绿色基础指数、绿色资源指数、绿色环境指数和绿色技术指数，Contral为金融发展指标，ε为系列控制变量，t为误差项，t为时间因素，i为省际变量，μ_t为个体效应，ν_t为时间效应，α、β和γ为拟合参数。

从数据的可操作性层面出发，农村绿色发展的数据来源于第3章的表3.2，可采用式（3.2）~式（3.5）来测算各地区绿色基础指数、绿色资源指数、绿色环境指数和绿色技术指数。金融发展指标从三个方面考虑，分别是金融发展广度、金融发展深度和金融发展效率。根据第 7.2 节中的定义，金融发展广度要求金融市场上投资机构种类丰富、数量庞大，但从我国各地区近年来的投资机构种类来看，较多地区投资机构种类较少，且长期保持相对稳定的状态，不利于采用计量模型做实证分析，而投资机构数量则不存在这些明显的不足。因此，结合数据获取的可操作性原则，本书选用了投资机构数量来衡量金融发展广度，具体是选择小额贷款公司的机构数量作为金融发展广度的代理指标，记为 Debt。金融发展深度刻画的是不同层次金融市场的复杂网络特征，需要金融业务尽可能地覆盖社会的各行各业，同时贯穿不同层次的金融市场。当前学术界习惯用金融资产数量的增加作为金融发展深度的代理指标，并具体倾向于选择 M2/GDP 来衡量。本书认为该指标在反映经济金融化方面具备一些优势，但也存在一些不足，比如广义货币供应量的发行主体是中国人民银行，而当前中国人民银行较少执行结构性货币政策，通常制定的常规性货币政策又存在一些"盲区"和低效率情况（欧阳胜银 等，2018），这使得 M2 的推行难以照顾到实际所需要资金的领域，同时又有可能在另一些领域造成资本闲置；此外，M2 也只通过间接市场衔接供给端和需求端，没有在直接市场上发挥更好的价值。因此，考虑到以上两点，同时结合数据获取的可操作性原则，本书选择了保险保费收入作为金融发展深度的代理指标，记为 Prem。金融发展效率反映的是金融服务的投入与产出之比，对于我国当前的金融机构而言，通过吸收社会闲置资本的方式完成对外投资，从而获得收益，仍然是最主要的经营模式。其中，吸收社会闲置资本对应的是金融机构的存款业务，对外投资对应的是金融机构的贷款业务，因而本书选择了金融机构贷款与存款之比作为金融发展效率的代理指标，记为 De/de。

在控制变量方面，参考黄建欢等（2014）、余威震等（2018）、Peizhen Jin（2019）、Hasan R（2019）等学者的观点，本书从农村投资力度（Asset）、农村生态保护（Env）、农业价格指数（CPI）、农村消费能力（TCG）等方面选取了驱动农村绿色发展的控制变量。其中，农村投资力度使用的是农村固定资产投资规模，农村生态保护指标使用的是农林牧渔业投资额,农业价格指数使用的是农产品生产价格指数,农村消费能力使用的是镇区及乡村消费品零售额占全社会消费品零售额的比重。以上基础数据均来源于 Wind 数据库、历年《中国农村统计年鉴》《中国农业统计年鉴》和《中国统计年鉴》,实证分析所需样本范围选取的是 2010—2020 年。

7.4 实证分析

7.4.1 全样本检验

本书首先给出了各变量的基本说明与描述性统计结果,如表 7.1 所示。可以发现农村绿色发展指数的均值为 0.330 9,最大值和最小值分别为 0.504 0 和 0.171 0,说明我国各地区农村绿色发展水平在样本范围内存在较大差异,农村金融发展的波动性也相对较强。

表 7.1 变量说明与描述性统计结果

符号	变量	单位	均值	最小值	最大值	标准差
RGD	农村绿色发展	加权值	0.330 9	0.171 0	0.504 0	0.070 5
GB	农村绿色基础	加权值	0.310 1	0.056 6	0.666 8	0.136 5
GS	农村绿色资源	加权值	0.275 0	0.019 5	0.505 0	0.100 6
GE	农村绿色环境	加权值	0.132 5	0.007 3	0.273 0	0.042 2
GT	农村绿色技术	加权值	0.253 4	0.011 3	0.655 6	0.154 0
Debt	农村信贷规模	亿元	3 643.789 0	55.000 0	22 825.2	3 163.990 0
Prem	农村保费收入	亿元	832.353 1	27.890 0	4 112.23	721.654 3
De/de	存贷比	%	2.442 9	0.868 8	6.548 0	0.485 8
Asset	农村投资力度	亿元	331.840 0	2.100 0	966.700 0	232.941 7
Env	农村生态保护	亿元	70.039 3	0.100 0	315.400 0	60.397 1
CPI	农业价格指数	%	103.680 4	89.500 0	124.500 0	5.888 8
TCG	农村消费能力	%	34.306 3	3.900 0	59.400 0	10.970 2

本节对部分变量进行了对数处理,包括三个金融发展指标、农村

投资力度和生态保护力度，然后从全样本角度考虑了金融影响农村绿色发展，同时根据豪斯曼检验结果选择随机效应或者固定效应，结果如表7.2所示。

表 7.2 金融影响农村绿色发展的全样本估计结果

变量	(1)		(2)		(3)	
ln. Debt	0.040 3* (0.022 2)	0.039 1* (0.022 4)				
ln. Prem			0.098 9*** (0.014 3)	0.100 4*** (0.014 3)		
ln. De/de					0.012 1** (0.004 7)	0.010 7* (0.010 7)
ln. Asset		-0.049 5** (0.021 6)		-0.048 6** (0.023 0)		-0.075 4* (0.041 4)
ln. Env		0.041 6*** (0.011 0)		0.029 1** (0.011 8)		0.030 1** (0.013 4)
CPI		-0.210 9*** (0.075 3)		-0.080 5 (0.077 3)		-0.275 9*** (0.085 4)
ln. TCG		0.015 0 (0.030 9)		0.055 4* (0.030 3)		0.008 4 (0.037 2)
cons	0.192 9** (0.076 6)	0.649 9*** (0.180 1)	0.058 2 (0.041 2)	0.201 2 (0.168 5)	0.301 4*** (0.016 6)	0.977 3*** (0.229 4)
Hausman	fe	fe	fe	fe	fe	fe
Province	yes	yes	yes	yes	yes	yes
year	yes	yes	yes	yes	yes	yes
N	270	270	270	270	270	270
R^2	0.056 8	0.134 0	0.361 7	0.402 8	0.025 8	0.105 4

注："***""**""*"分别表示拟合系数在1%、5%、10%的显著性水平下通过检验，括号内为稳健的标准误。

整体来看，不管有没有控制变量，保险保费收入、信贷规模和金融机构贷款与存款之比的估计系数都为正，且通过了1%的显著性检验，表明金融对农村绿色发展确实可以起到很好的推动作用。一方面，农村金融体系的建立有助于吸引劳动力回流，从而缓解农村地区要素资源不足的缺陷；农村金融体系的完善也有助于实现资源的优化配置，为农业发展融通资金可以帮助农业开展生产销售和技术创新等活动，通过规模经济实现产出增值和效率提升，由此扩大绿色基础。另一方面，农村金融活动中的绿色金融成分较高，这对于合理统筹资源利用、降低环境污染和增强环保技术研发具有一定的意义，由此可以实现合理使用绿色资源、优化绿色环境、提升绿色技术的目的。

对比信贷规模、保险保费收入和金融机构贷款与存款之比三个拟合系数发现，金融发展深度对农村绿色发展指数的影响力度最大，其次是金融发展广度，最后是金融发展效率，这意味着优化金融服务农村绿色发展的工具类型，建立多层次的金融市场，更有战略意义。金融发展广度主要表现为金融工具的覆盖面，而从我国发展的实践情况来看，农村金融发展已经取得了一些成就，金融机构涉农贷款项目在不断增加，信贷规模整体出现稳步提升，其中农户贷款在城乡涉农贷款中的占比也是最高的，农业贷款覆盖面已经较为广泛，从而增强了金融发展广度推动农村绿色发展的后劲。金融发展深度主要表现为多功能的金融工具和多层次的金融市场，但受限于农村金融体系建设较晚、发展较慢等弊端，我国农村金融服务以贷款为主，金融工具类型较为单一，金融市场功能也相对单薄，且为农村绿色发展提供金融服务的主体主要为中资小型银行，中国建设银行、中国工商银行等中资全国性大型银行的涉农贷款持续萎缩。与此同时，我国农村发展受政策扶持力度较大，农业盈利能力相对较低，从而压低了在金融创新方面比较成功的中国建设银行、中国招商银行等为农村深度发展提供金融科技支持的动力。这意味着刺激金融机构不断创新农村金融服务工具，从金融发展深度方面推动农村绿色发展存在较大的潜力。金融发展效率的提升受多方面因素的影响，我国金融市场整体处于弱势有效状态，这就决定了金融服务效率整体偏低，而农村地区存在的人口结构失衡、知识资本匮乏和农业技术落后等问题，进一步加剧了金融发展服务农村现代化建设的难度，使得农村地区金融效率提升的步伐异常缓慢。因此，从金融发展广度、金融发展深度和金融发展效率三者来看，不断推进农村金融体系的改革，尤其是丰富不同类型的金融工具和完善不同层次的金融市场，更能加速农村绿色发展的推进步伐。

7.4.2　分维度检验

本书同时还估计了金融发展对绿色发展各维度指数的拟合系数，具体结果见表 7.3—7.6 所示。

根据表 7.3 的结果可以发现，ln. Debt、ln. Pre，和 ln. De/de 对农村绿色基础指数的影响都显著为正，说明金融发展广度、金融发展深度和金融发展效率都能显著提升农村绿色基础。根据第 3 章表 3.1 的指标选取方案，农村绿色基础主要包括人均总产值、人均粮食产量、绿色发展支出和人均可支配收入四个指标，而金融市场投资机构的增加可以丰富农村融资渠道，从而帮助解决农村发展的融资难和融资贵等问题，通过为农村发展提供金融支持来促进农产品产量的提升和农民收入的增加。对比来看，ln. Prem 对于农村绿色基础指数的影响系数最大，表明金融市场的稳健运行和多层功能在优化金融体系规模和结构的过程中，更具有推动农村绿色发展的价值，金融发展深度是驱动农村绿色基础的主要金融路径。

表 7.3　金融影响农村绿色基础指数的估计结果

变量	（1）		（2）		（3）	
ln. Debt	0.001 8 ** （0.009 6）	0.004 0 *** （0.010 2）				
ln. Prem			0.057 4 *** （0.009 1）	0.053 4 *** （0.010 0）		
ln. De/de					0.015 7 *** （0.004 2）	0.014 9 *** （0.004 4）
ln. Asset		−0.004 7 （0.022 2）		−0.004 5 （0.021 0）		−0.008 5 （0.021 7）
ln. Env		0.008 0 （0.011 2）		0.012 4 （0.010 6）		0.009 3 （0.011 0）
CPI		0.103 0 （0.078 2）		−0.004 4 （0.074 8）		0.093 8 （0.075 1）
ln. TCG		0.057 1 ** （0.028 6）		0.036 5 （0.027 2）		0.050 3 （0.027 9*）

表7.3(续)

135

7
金融支持视角下农村绿色发展的长效驱动研究

变量	（1）		（2）		（3）	
cons	0. 316 2 *** (0. 041 5)	0. 001 7 (0. 179 1)	0. 468 3 *** (0. 035 4)	0. 402 3 ** (0. 174 9)	0. 348 5 *** (0. 026 1)	0. 087 2 (0. 165 8)
Hausman	fe	fe	fe	fe	fe	fe
Province	yes	yes	yes	yes	yes	yes
year	yes	yes	yes	yes	yes	yes
N	270	270	270	270	270	270
R^2	0. 004 5	0. 212 5	0. 030 0	0. 100 4	0. 108 5	0. 200 2

注：" *** "" ** "" * "分别表示拟合系数在1%、5%、10%的显著性水平下通过检验，括号内为稳健的标准误。

从表7.4的估计结果来看，只有 ln. Prem 的拟合系数通过了显著性检验，而 ln. Debt 和 ln. De/de 对农村绿色基础指数的影响都不显著，说明金融发展深度具有优化农村绿色环境的功能。根据第3章表3.1的指标选取方案，农村绿色资源主要包括卫生机构比例、医卫人员比例、农作物播种面积和沼气工程四个指标，正规医卫系统在我国具有鲜明的政府属性，耕地面积必须保持18亿亩的基本红线，沼气工程项目也受到较多的政策补贴，因而不断丰富的机构投资者类型不能显著影响农村绿色资源，金融发展广度对农村绿色资源的驱动效应并不明显。但金融发展深度通过将金融资源贯穿到不同市场，为医卫机构、耕地面积和清洁项目提供必要的融资安排和保险保障，因而对推动农村资源向绿色化、可持续化发展具有重要的价值。此外，由于金融发展广度和金融发展效率的拟合系数不显著，金融发展深度成为驱动农村绿色资源的唯一金融路径。

表 7. 4　金融影响农村绿色资源指数的估计结果

变量	（1）		（2）		（3）	
ln. Debt	0. 006 4 (0. 007 3)	0. 010 9 (0. 007 4)				
ln. Prem			0. 019 1 *** (0. 007 3)	0. 028 2 *** (0. 007 5)		

表7.4(续)

变量	(1)		(2)		(3)	
ln. De/de					0.001 4 (0.003 3)	0.002 1 (0.003 3)
ln. Asset		0.003 9 (0.016 4)		0.008 5 (0.016 0)		0.007 7 (0.016 4)
ln. Env		0.018 0** (0.008 1)		0.015 2* (0.008 0)		0.018 2** (0.008 3)
CPI		0.136 6** (0.056 4)		0.176 4*** (0.056 0)		0.121 3** (0.056 4)
ln. TCG		0.034 8* (0.020 8)		0.044 7** (0.020 5)		0.035 6* (0.021 0)
cons	0.253 0*** (0.030 6)	−0.127 7 (0.130 2)	0.222 3*** (0.027 2)	−0.269 4** (0.131 8)	0.271 6*** (0.020 2)	−0.074 5 (0.124 6)
Hausman	fe	fe	fe	fe	fe	fe
Province	yes	yes	yes	yes	yes	yes
year	yes	yes	yes	yes	yes	yes
N	270	270	270	270	270	270
R²	0.095 8	0.162 7	0.023 5	0.110 6	0.018	0.217 6

注:"***""**""*"分别表示拟合系数在1%、5%、10%的显著性水平下通过检验,括号内为稳健的标准误。

　　表7.5是金融发展广度、金融发展深度和金融发展效率对农村绿色环境指数的影响结果。从具体拟合系数来看,ln. Debt、ln. Prem 和 ln. De/de 对农村绿色环境指数的影响都显著为负,说明金融发展广度、金融发展深度和金融发展效率都能显著优化农村绿色环境。根据第三章表3.1的指标选取方案,农村绿色环境主要包括柴油使用量、农药使用量、塑料薄膜使用量和森林病虫鼠害防治率四个指标,金融发展对农村绿色环境潜在的影响机理可能是,金融发展增加了农村地区的可使用资金,从而提升了清洁资产和可再生能源的使用规模和频次,降低了柴油、农药和塑料薄膜在农村生产发展方面的使用力度,同时也会进一步筛选农产品虫害的驱除模式,优化森林病虫鼠害的防治手段,提高粮食产量。这也表明,尽管金融发展在驱动农村绿色发

展过程中可能会影响到环境质量，但这种影响已经处于库兹涅茨倒 U 形假设的后半部分，农村绿色发展也在不断优化地区生态环境，这也符合农村绿色发展的概念与特征。对比来看同样发现，在所有农村绿色环境指数的拟合系数中，ln. Prem 的拟合系数的绝对值最大，表明金融发展深度是优化农村绿色环境的主要路径。

表 7.5　金融影响农村绿色环境指数的估计结果

变量	(1)		(2)		(3)	
ln. Debt	−0.015 9** (0.007 8)	−0.017 5** (0.008 0)				
ln. Prem			−0.065 1*** (0.006 8)	−0.070 5*** (0.007 0)		
ln. De/de					−0.012 4*** (0.003 7)	−0.012 0*** (0.003 6)
ln. Asset		−0.047 5*** (0.014 4)		−0.053 1*** (0.012 7)		−0.039 8*** (0.014 1)
ln. Env		0.020 9** (0.008 7)		0.012 9* (0.007 6)		0.019 1** (0.008 7)
CPI		−0.147 8** (0.063 3)		−0.046 5 (0.054 5)		−0.167 4*** (0.061 8)
ln. TCG		0.015 1 (0.021 5)		0.046 5** (0.018 9)		0.015 6 (0.021 2)
cons	0.077 9*** (0.027 5)	0.426 1*** (0.138 1)	−0.047 0** (0.020 0)	0.066 3 (0.121 1)	0.102 1*** (0.011 1)	0.480 5*** (0.129 5)
Hausman	fe	fe	fe	fe	fe	fe
Province	yes	yes	yes	yes	yes	yes
year	yes	yes	yes	yes	yes	yes
N	270	270	270	270	270	270
R^2	0.007 8	0.014 3	0.017 6	0.024 4	0.001 3	0.004 0

注："***""**""*"分别表示拟合系数在 1%、5%、10%的显著性水平下通过检验，括号内为稳健的标准误。

中国农村绿色发展的多维测度与长效驱动研究

表 7.6　金融影响农村绿色技术指数的估计结果

	(1)		(2)		(3)	
ln. Debt	0.080 8*** (0.015 4)	0.079 9*** (0.015 9)				
ln. Prem			0.187 9*** (0.011 1)	0.193 2*** (0.011 7)		
ln. De/de					0.022 2*** (0.007 0)	0.021 9*** (0.007 2)
ln. Asset		0.017 0 (0.030 2)		-0.002 0 (0.022 9)		0.022 6 (0.031 6)
ln. Env		0.065 7*** (0.030 2)		0.048 2*** (0.012 5)		0.063 3*** (0.017 6)
CPI		-0.176 4 (0.124 0)		0.056 3 (0.088 9)		-0.287 9** (0.122 7)
ln. TCG		-0.023 4 (0.043 2)		0.040 8 (0.031 7)		-0.036 8 (0.044 1)
cons	-0.023 6 (0.057 1)	0.226 3 (0.273 8)	-0.264 6*** (0.037 2)	-0.525 4*** (0.202 4)	0.199 3*** (0.032 7)	0.682 1*** (0.262 8)
Hausman	fe	fe	fe	fe	fe	fe
Province	yes	yes	yes	yes	yes	yes
year	yes	yes	yes	yes	yes	Yes
N	270	270	270	270	270	270
R^2	0.419 6	0.588 1	0.427 1	0.613 1	0.039 9	0.378 8

注："***""**""*"分别表示拟合系数在1%、5%、10%的显著性水平下通过检验，括号内为稳健的标准误。

根据表7.6的结果可以发现，ln. Debt、ln. Prem和ln. De/de对农村绿色基础指数的影响都显著为正，说明金融发展广度、金融发展深度和金融发展效率都能显著提升农村绿色基础。根据第3章表3.1的指标选取方案，农村绿色技术主要包括热能技术、电力技术、网络技术和机械技术四个指标，不管是哪个具体的农村绿色技术指标，都具有鲜明的技术特征，而技术进步的重要推力来源于资金的庞大投入，因而地区金融发展对提升农村绿色技术进而驱动农村绿色发展具有显著的价值。其突出表现为金融发展广度为农村绿色技术的全面推进提供了资金支持，金融发展深度通过有效调节资金配置效率来为农村绿色技术的应用成果转化提供保障，金融发展效率则进一步优化了农村绿色技术的作用空间。对比来看，ln. Prem 对农村绿色技术指数的影响系数最大，金融发展效率对农村绿色技术指数的影响系数最小，表明金融发展深度是驱动农村绿色技术的主要金融路径。

综合表 7.3—表 7.6 的结果可以发现，保险保费收入、信贷规模和金融机构贷款与存款之比的拟合系数都通过了显著性检验，并且对比各维度指数拟合系数的大小可以发现，金融发展深度对于农村绿色发展各维度系数的影响效应最明显，因此，我国农村金融的发展要降低对普惠金融的依赖性，应当转而实施不同层次的金融体系和制度安排，通过开展更专业化的金融服务模式，提高金融资源的配置效率，从而更有力地驱动农村绿色发展。与此同时，在四个维度指数中，金融发展对绿色技术指数的推动作用最大，表明技术进步离不开金融的大力支持，也从侧面反映出我国金融建设正在大力扶持农业技术。根据国际标准分类的发明和实用新型专利授权量来看，2019 年我国 A 部（人类生活需要）专利申请授权量排名第二，仅次于 B 部（作业、运输）专利申请授权量，而在 A 部（人类生活需要）16 个行业的专利申请授权量中，农林牧渔专利申请授权量占比又超过 1/6，这充分表明我国农业技术得到了快速发展。

7.4.3 分区检验

为进一步验证表 7.2 的合理性，接下来本书采取了两种分区方式来检验金融对农村绿色发展的影响，首先从传统的东、中、西三大区位进行实证检验，结果如表 7.7 所示。在分维度检验中，我们已经发现金融发展深度对农村绿色发展的影响力度最大，因而分区检验和后面的稳健性检验都只采用了金融发展深度指标。

中国农村绿色发展的多维测度与长效驱动研究

表7.7 按传统东中西三大区域检验的结果

	东部		中部		西部	
ln. Prem	0.067 4 ** (0.029 2)	0.078 8 *** (0.028 8)	0.090 6 *** (0.016 0)	0.085 9 *** (0.012 1)	0.132 6 *** (0.023 9)	0.158 2 *** (0.020 1)
ln. Asset		-0.060 0 ** (0.036 8)		-0.000 5 (0.028 2)		-0.118 5 ** (0.049 8)
ln. Env		0.032 5 * (0.018 0)		0.026 0 (0.019 4)		-0.014 6 (0.022 3)
CPI		-0.180 9 (0.137 0)		-0.011 9 (0.083 9)		0.003 3 (0.172 9)
ln. TCG		0.048 7 (0.041 4)		-0.054 9 (0.059 5)		0.077 1 (0.055 5)
cons	0.135 5 (0.083 1)	0.488 7 (0.318 0)	0.102 2 * (0.061 0)	0.177 4 (0.226 6)	-0.025 1 (0.067 9)	0.081 6 (0.408 8)
Hausman	fe	fe	fe	fe	fe	fe
Province	yes	yes	yes	yes	yes	yes
year	yes	yes	yes	yes	yes	yes
N	99	99	72	72	90	90
R^2	0.185 8	0.310 2	0.454 1	0.486 8	0.484 2	0.550 7

注:"***""**""*"分别表示拟合系数在1%、5%、10%的显著性水平下通过检验,括号内为稳健的标准误。

可以发现,金融发展对农村绿色发展的影响都是正向的,并且都通过了1%的显著性检验,表明金融确实在不同地区都承担了推动农村绿色发展的积极作用。从参数大小来看,东部地区的金融推动力度相对较小,中部地区其次,西部地区的金融推动力度最大。按传统区位划分的东部地区主要集中在沿海一带,城市化水平很高,农村发展的体量相对中部和西部更小,这使得东部地区农村绿色基础和绿色资源处于劣势,从而制约了金融推动东部地区农村绿色发展的口径。对于西部地区而言,农业基础较为雄厚,农村经济在地区经济中的占比较高,这就为金融推动经济发展奠定了基础。东、中、西部区域检验的结果表明,进一步推动和完善金融体系建设,有助于各地区农村经济走上绿色化发展道路,尤其是积极推动西部地区金融建设对于我国农村绿色发展具有重要的价值。

本书进一步将第 3 章表 3.2 所测算的各地区农村绿色发展水平按照由低到高的顺序进行排列，并等分为三个组，分别是农村绿色发展低水平组、农村绿色发展中水平组和农村绿色发展高水平组，每个组包含 10 个地区①，对此进行金融影响农村绿色发展的分区检验，结果如表 7.8 所示。可以发现，不管农村绿色发展处于哪个层次，金融发展都发挥了积极的作用，由此支持了表 7.2 的结论。此外，还可以发现低水平组的影响系数相对更大，这体现了金融发展在驱动农村绿色发展低水平地区中具有更大的边际效应。

表 7.8　按农村绿色发展水平高低分三大区域检验的结果

变量	低水平组		中水平组		高水平组	
ln. Prem	0.128 5*** (0.029 3)	0.127 4*** (0.028 9)	0.065 3*** (0.023 5)	0.080 6*** (0.025 1)	0.115 7*** (0.023 8)	0.112 6*** (0.023 2)
ln. Asset		−0.128 4** (0.052 8)		−0.053 8* (0.027 6)		−0.009 4 (0.045 2)
ln. Env		0.128 3 (0.017 7)		0.029 2*** (0.010 5)		0.023 1 (0.020 7)
CPI		0.029 9 (0.193 8)		−0.161 4** (0.069 9)		−0.039 7 (0.105 3)
ln. ICG		0.009 5 (0.051 3)		0.050 8 (0.033 1)		−0.062 6 (0.051 7)
cons	−0.010 3 (0.073 9)	0.111 1 (0.505 1)	0.144 4** (0.066 5)	0.436 4*** (0.155 1)	0.063 1 (0.078 4)	0.228 1 (0.237 7)
Hausman	fe	fe	fe	fe	fe	fe
Province	yes	yes	yes	yes	yes	yes
year	yes	yes	yes	yes	yes	yes
N	90	90	90	90	90	90
R^2	0.308 3	0.401 1	0.258 3	0.401 0	0.568 2	0.582 5

注："***""**""*"分别表示拟合系数在 1%、5%、10%的显著性水平下通过检验，括号内为稳健的标准误。

①　依据表 3.2，本书所分农村绿色发展低水平地区为甘肃、广西、海南、广东、上海、宁夏、青海、山西、新疆和重庆；农村绿色发展中水平地区为云南、浙江、天津、安徽、江西、湖南、陕西、北京、湖北和辽宁；农村绿色发展高水平地区为四川、吉林、福建、贵州、河北、河南、江苏、内蒙古、山东和黑龙江。

7.4.4　稳健性检验

尽管已经通过全样本估计、分维度估计和分区域估计发现金融发展确实能在较大程度上驱动农村绿色发展，但本书还将考虑三种方式进行稳健性检验，以此增强本书前面分析结论的可靠性。三种稳健性检验的方法分别为：其一是采用核心解释变量的滞后一阶项为工具变量重新进行 GMM 估计；其二是采用保费支出（ln. Prem）作为金融发展的代理指标，以此替换核心解释变量；其三是采用熵值法重新估计我国各地区的农村绿色发展水平，以此替换之前的被解释变量。三种稳健性检验结果如表 7.9 所示。

表 7.9　稳健性检验结果

变量	工具变量：ln. Prem		替换解释变量：ln. Prem2		替换被解释变量	
ln. Fin	0.820 8***	0.785 7*** (0.046 3)	0.087 9*** (0.012 9)	0.093 9*** (0.014 4)	0.756 2*** (0.097 7)	0.748 4*** (0.097 0)
ln. Asset		−0.358 9*** (0.098 1)		−0.078 9** (0.034 3)		−0.202 4 (0.211 2)
ln. Env		0.032 2 (0.045 8)		0.024 3* (0.013 0)		0.000 7 (0.038 7)
CPI		0.448 2 (003 400)		−0.029 1 (0.082 7)		−0.092 0 (0.315 0)
ln. ICG		−0.049 9 (0.112 3)		0.046 0 (0.035 6)		−0.067 5 (0.105 8)
cons			0.131 0*** (0.031 1)	0.253 3 (0.208 5)	−1.590 9*** (0.269 3)	−0.809 1 (1.123 8)
F	1 296.025 0	1 368.126 0				
Hausman	fe	fe	fe	fe	fe	fe
R^2	0.558 3	0.594 6	0.316 3	0.375 7	0.621 7	0.630 0

注："***""**""*"分别表示拟合系数在 1%、5%、10% 的显著性水平下通过检验，括号内为稳健的标准误。

结合表 7.9 的结果进行整体分析，发现不管有没有考虑控制变量，核心解释变量都在 1% 的水平下通过显著性检验，而与表 7.2 的结果对比来看，除了估计系数的大小略微有差异，拟合方向保持了高度一致，说明本书的稳健性检验是成功的。

7.4.5 机制检验

为进一步探究金融发展如何驱动农村绿色发展，本书接下来将实证检索探索金融发展广度、金融发展深度和金融发展效率对农村绿色发展的影响机理。结合第 7.1 节中的论证，金融发展广度通过丰富农村市场的金融元素来实现农村地区交易与服务的金融化，而涉农贷款是针对农业领域的典型金融元素，因而在这一维度中，本书采用涉农贷款占总贷款的比重作为金融发展广度的中介变量；金融发展深度主要通过扩充农村金融市场的不同层级来提高农村地区经济发展的金融驱动力，本书采用企业资产支持债券的比重作为金融发展深度影响农村绿色发展的中介指标；由于金融发展效率更加重视交易安全和迅速出清，可以反映金融市场交易活跃性，而我国当前有安全保障的代表性交易产品主要表现为债券等少数产品，因而本书采用交易所市场债券发行额作为金融发展效率驱动农村绿色发展的中介指标。以上基础数据来源于历年《中国金融年鉴》和《中国统计年鉴》，样本范围同样选取的是 2010—2020 年。

结合式（7.1），机制检验的基本模型为式（7.6）和式（7.7）的形式：

$$\mathrm{RGD}_{it} = \alpha + \beta \cdot \mathrm{Fin}_{it} + \gamma \cdot \mathrm{Contral}_{it} + \varepsilon_{it} + \mu_t + \nu_t \quad (7.1)$$

$$\mathrm{Fin} - \mathrm{imd}_{it} = \alpha + \beta \cdot \mathrm{Fin}_{it} + \gamma \cdot \mathrm{Contral}_{it} + \varepsilon_{it} + \mu_t + \nu_t \quad (7.6)$$

$$\mathrm{RGD}_{it} = \alpha + \beta \cdot \mathrm{Fin}_{it} + \delta * \mathrm{Fin\text{-}imd}_{it} + \gamma \cdot \mathrm{Contral}_{it} + \varepsilon_{it} + \mu_t + \nu_t$$

$$(7.7)$$

其中，式（7.1）为金融发展影响农村绿色发展的计量模型，式（7.6）为金融发展影响中介变量的计量模型，式（7.7）为金融发展和中介变量联合影响农村绿色发展的计量模型，式（7.1）、式（7.6）和式（7.7）共同反映了金融发展通过中介变量来驱动农村绿色发展的机制模型。模型中，Fin-imd 为金融发展的中介指标，其余变量说明同前。由于表 7.2 体现了式（7.1）的估计结果，因而只需要对机制检验中的式（7.6）和式（7.7）进行估计，剩余检验结果如表 7.10 所示。

表 7.10 机制检验结果

变量	ln. Fin-imd	ln. RGD	ln. Fin-imd	ln. RGD	ln. Fin-imd	ln. RGD
ln. Fin	0.235 6** (0.036 2)	0.025 3*** (0.082 5)	0.072 1* (0.011 8)	0.033 2*** (0.110 2)	0.117 5*** (0.088 5)	0.075 1*** (0.063 5)
ln. Fin-imd		0.124 9*** (0.017 7)		0.185 5* (0.096 5)		0.023 5* (0.071 0)
Contral	yes	yes	yes	yes	yes	yes
Hausman	fe	fe	fe	fe	fe	fe
Province	yes	yes	yes	yes	yes	yes
year	yes	yes	yes	yes	yes	yes
N	270	270	270	270	270	270
R^2	0.356 2	0.258 6	0.421 0	0.389 5	0.390 1	0.307 5

注: "***" "**" "*" 分别表示拟合系数在 1%、5%、10%的显著性水平下通过检验, 括号内为稳健的标准误。

从表7.10的检验结果可以发现，核心解释变量都经受住了显著性检验，表明本书对金融发展广度、金融发展深度和金融发展效率驱动农村绿色发展的机制检验得以通过。金融发展广度确实在较大程度上通过提升农业领域的涉农贷款额度来驱动农村绿色发展；金融发展深度则能显著丰富市场层级，通过改变金融服务等级来驱动农村绿色发展；金融发展效率则是通过保障金融市场的安全稳健运行来进一步优化农村绿色发展。

7.5　本章小结

我国农村绿色发展离不开金融的支持，金融发展可以显著提升农村绿色发展水平。本章认为金融发展广度可为农村绿色发展提供基础资源要素，金融发展深度可为农村绿色发展提供更多融资途径，金融发展效率能为农村绿色发展提供技术支持，因而从金融发展广度、金融发展深度和金融发展效率三个维度全面剖析并实证检验了对农村绿色发展的影响机理。通过设计金融发展广度、金融发展深度和金融发展效率影响农村绿色发展的计量模型，以及对农村绿色基础指数、农村绿色资源指数、农村绿色环境指数和农村绿色技术指数的模型设定，再采用2010—2020年全国30个省（区、市）（不含港澳台地区和西藏自治区数据）面板数据进行实证分析，结果发现：①相比金融发展广度和金融发展效率，金融发展深度的推动作用更为明显；②金融在驱动农村绿色发展过程中，对绿色技术指数的驱动力度更大；③从区域影响效应来看，东部地区的金融推动力度相对较小，中部地区其次，西部地区的金融推动力度最大；④从农村绿色发展水平来看，农村绿色发展水平相对较低的地区，金融的驱动力度更明显。这意味着不仅需要提升金融产品涉农层面，推广普惠金融服务，使其在支持农村绿色发展方面能够发挥更大的作用，也需要加力金融发展对涉农领域的支持，提升金融服务农村经济的层级和效率，还应当在设计金融驱动农村绿色发展过程中，有针对性地执行有区域差异和发展差异的驱动方案。

　　基于上述重要研究结论，本书认为加快我国农业现代化建设、推动我国农村经济可持续发展，应当深入完善农村金融体系。一方面是提高涉农金融机构奖励政策，维持中小金融机构在乡村地区的投入力度，引导中国建设银行、中国招商银行等大中型金融机构在农村开展金融活动，加快金融创新步伐，丰富涉农金融产品和服务业务，创立农业产业发展基金，拓宽金融业务辐射水平，探索建立政府信贷担保基金，提高金融机构发放农业信贷的积极性。另一方面是扩大农村信贷资金使用范围，将金融产品和服务延伸到农业的每一个环节、产品的每一个类型、农村的每一户家庭，借助农村互联网体系，不断创新农村互联网金融业务，通过尝试建立多层次的农村金融市场，持续完善金融体系，增强金融市场的资金配置效率。

8 科技发展视角下农村绿色发展的长效
驱动研究

第 7 章已经从金融视角探讨了金融发展对农村绿色发展的驱动效应，本章则从科技视角探讨科技发展对农村绿色发展的驱动效应。

8.1 科技驱动农村绿色发展的典型案例

8.1.1 国外科技驱动农村绿色发展的典型案例分析

1. 德国案例分析

德国是世界上较早重视乡村建设的国家，其于 1936 年实施的《帝国土地改革法》成为全球实施乡村农地建设、规划荒地废地的启发性法典。尤其是 20 世纪 90 年代，德国在村庄更新中植入了较多的科学生态发展元素，通过科学的管理手段建立起一套以绿色发展为理念、具有可持续发展意义的乡村振兴模式，注重资源高效利用和节水灌溉保护。同时也借助无人机、白色传感装置等高端科学技术，开展现代化、机械化和信息化的农村建设工作，建设"农民空间"数字化试验田，动态监测农作物的生长状态，并不断提升乡村的文化价值、休闲价值和生态价值，与经济价值并驾齐驱。德国所推行的循序渐进型发展理念，是乡村治理中的一项可持续社会实践工作，需要政府不断制定并调整符合农村整体利益的发展目标、模式与手段，因而制度文本和法律框架也频频处于及时调整与科学筹划中。尽管这些制度文本和法律框架的更新周期较为漫长，但所带来的意义和产生的影响是深远的，在世界局势瞬息万变、科技发展日新月异的背景下，仍能使农村发展保持足够的活力和特色，也由此将德国村庄更新模式树立为全球振兴乡村的典范。

2. 荷兰案例分析

世界上存在不少地理面积较小但农业高速发展的国家，其中以荷兰最为典型。尽管荷兰的面积不大，约为重庆市的一半，却是世界上第二大农业出口国，仅次于美国，这与荷兰所实行的精简集约型农村发展模式存在较大关联。荷兰首先也是通过法律制度来规定乡村治理中的农地整理问题，通过科学规划与合理调整，建立起规模化和完整性的农业用地经营模式，同时注重多目标发展，将乡村的自然景观、农业产出、乡村旅游、居民生活等协同并进，共同推动村庄城市化建设。这种受限于农业资源无法开展大面积农业活动的地区，主要通过科学设计与合理规划，借助精耕细作和多重精简利用的方式，来达到乡村振兴的目的，荷兰也因此成为众多农业面积较小国家效仿的对象。

3. 瑞士案例分析

乡村环境污染问题在国外也受到了较大关注，以生态环境保护型为主要特征的瑞士乡村建设模式成为全球乡村环境治理的标杆。瑞士联邦政府曾凭借农业技术，如大量使用新型化肥和杀虫剂等，以及农业育种和技术进步手段大大提高了粮食产量，但也造成了较大的环境污染问题。因此，瑞士开始利用科学技术来驱动农村环境保护工作，包括限制土壤中的养分输入量、控制畜牧业养殖密度、按既定方式使用农药和除草杀虫剂，以及使用无人机巡田、自动除草机等。此外，瑞士政府还努力发展有机农业，并借助 5G 技术发展智慧农业，建设智能化的作业环境，由此提高农业机械和农村网络的普及率。

4. 法国案例分析

当一个地区的农业体系较为强大、经济基础较为雄厚时，不断推动农村的集中化、专业化和大型化就成为现代农村现代化建设的主要目标，而法国在这一方面具有较好的农村改革经验。法国自戴高乐时代就走上了世界工业强国的道路，同时也是欧盟最大的农业生产国，粮食产量占欧洲的三分之一，这让法国有足够的资本推行综合发展型的农村改革模式。法国借助"发展一体化农业"和领土整治活动，成为世界上实现农业现代化建设最快的国家之一，其主要手段就是一方面利用现代科学技术和现代企业管理方式，将农业与工商业、运输业、信贷等进行有机结合，形成利益共同体，实现资金和技术的迅速流动，从而快速高效地带动农业建设；另一方面则是将帮助和支持贫困乡村地区纳入法律法规，借助行政的力量优化农村资源配置，通过技术保障和教育培训等综合手段推动乡村振兴建设。

5. 日本案例分析

日本在农村绿色发展方面也具有可供全球借鉴的重要案例。日本国土面积不大，农业资源不足，但日本居民对农产品的需求极大。为了提高土地产出效率，同时提升农产品的质量，日本农林水产省开始积极探索研究方案，并重点培育健康增进型农作物和对环境负荷较低的农作物。通过理论联系实际，日本农业科技人员在确保食品安全的前提下，积极研发新品种农作物，苹果、草莓、柑橘、葡萄等水果不断出现新品种，这一方面可以解决日本居民对于不同农产品的需求，另一方面也有力增加了农民收入。同时日本政府也鼓励科研人员和农户开展农业新品种研发工作，并提供长期政策保护，研发出来的新品种也将在25~30年内从新品种用户中获取支付补偿。

8.1.2　国内科技驱动农村绿色发展的典型案例分析

自乡村振兴战略提出以来，我国大部分地区启动了探索农村绿色发展的步伐。2021年，农业农村部、国家发改委等部委根据全国各地区提供的资料，遴选出51个有显著成效的典型案例，遍布全国30个省（区、市），入选案例在推动农村绿色发展道路上取得了显著的成效，其中以四川省眉山市青神县、贵州省遵义市凤冈县等具有代表性。

四川省眉山市青神县通过创新"333"管理模式，取得高效回收处置农药包装废弃物的效果。其主要手段是建立起农药经销商、有资质的回收公司和农户三个主体的配合系统，有资质地回收公司在农村地区安置的农药包装回收装置，农户在施完农药以后，将农药包装放置在农药包装回收装置中，再由有资质的回收公司进行集中回收，严重污染的将进行集中销毁处置，轻度污染的则可回流到农药经销商处进行二次使用。这种模式下，整个青神县的农药包装废弃物回收率高达 95%，尽可能地降低了农业化肥农药的残留污染，使得农村地区的土壤、大气和水环境得到有效保护，生态环境持续改良，农村发展更显绿色化。

贵州省遵义市凤冈县以双有机（全域有机和全产业链有机）为引领，通过实施"五化"联动，大力建设四个农业绿色发展工程，推动茶叶经济的一、二、三产业融合发展。四个模式主要是围绕茶叶与牛肉等主导产业和优质大米与精品水果等特色产业进行，全力推进绿色产业打造工程建设；立足生态优先，通过开展农作物病虫害绿色防控、生物农药替代化学农药、有机肥替代传统化肥等手段，逐步淘汰高毒、高风险农药，完善和修订农药残留限量标准，大力降低食品中的残留农药和生物农药，全力推进绿色环境营造工程建设；加强省市联动，创新建立土长、河长和林长的三长管理体制，构建立体化环境保护治理体系，动态监测农业生态环境，全力推进绿色制度创设工程建设；抓好生产源头、监管生产过程、从严质量标准，全力推进绿色品牌塑造工程建设。

8.2 科技发展维度的理论设计

2013 年 11 月，习近平总书记在山东农科院召开座谈会时指出"农业出路在现代化，农业现代化关键在科技进步"。因而借助科学技术来加速农业现代化建设，继而驱动农村绿色发展具有重要的理论依据和现实意义。

科学技术是第一生产力，科技发展对农村绿色发展的驱动，主要通过为农村发展孵化必要的科技成果和优化产业结构来实现，并在农村经济与资源、环境协调发展的基础上，基于科技融合、资源融合等模式，推动产业融合向更高层次进化（李眉洁 等，2022），进而提高农村发展的效率（孟凡钊 等，2022）。因而借鉴第七章对金融发展的维度设计，本部分也从三个维度考虑了科技发展对农村绿色发展的驱动，按科技发展的阶段分布，分别是科技发展广度、科技发展深度和科技发展效率。

第一个维度是科技发展广度。科技发展广度是指科学技术元素在横向维度上的拓宽，在不同行业都能萌发借助自然规律或思考耕种方式来帮助发展农业的意识，不断衍生使用和创新生产工具的思路，都在寻求改良生产工艺的方案。从广度来界定的科技发展，是在不同时点、不同地区和不同领域都有从事科技活动的业务，各行各业的生产、运营与管理，都在尝试探索并运用更科学、更合理、更高效的体制模式。通过科技发展在不同行业的横向普及，一方面可将农业资源布局到偏远或环境复杂的地区，从而改善农业生产条件，增加农业播种与耕作面积，以此提高农作物产量，促进农业发展；另一方面则通过改变纯手工的生产模式，借助农业辅助工具来提高生产效率，由此释放多余的农村劳动力，推动全社会人力资本向不同地区、不同行业流动。科技发展广度是科技发展的第一个层次，不需要精密的仪器和复杂的设备来实现农业产业的技术转化，只需要有从事科研活动或者具有科研思想的人员来提供技术思路，通过简易工具或常见设备即可实现产品市场化，科技发展广度所具备的科研思想能较为迅速地转化为现实生产力，由此提高农业产业增加值。

第二个维度是科技发展深度。科技发展深度可以较好地刺激农业产出，但因侧重产出规模与速度，因而存在忽视环境污染、资源利用不充分、生产工具使用不便等现象，使得农村发展仍然存在较大空间。这需要从已有科研实践中不断总结并完善科技理论，通过形成更多的理论成果来激发科技水平不断上升，解决主体设备和生产技术中存在的瓶颈问题，需要科技发展不断向纵深推进来提升农业生产资源利用效率，协调农村经济环境友好发展，以及改善农村居民生活面貌。正因如此，科技发展深度是在科技发展广度的基础上，一方面是进一步探索已有科技业务的深层次创新体系和多元度拓宽方案，不断突破科技发展广度中所面临的技术难题，优化农业生产经营方案和农村生态管理模式；另一方面则是通过提升农村商业银行运营效率，将科技金融业务渗透到整个农村市场，从而为科技驱动农村绿色发展提供必要的资金支持（李明贤 等，2022；张正平 等，2022）。由此可见，科技发展深度强调在已有科技发展水平的基础上，对既定生产手段、管理模式、市场机制进行的持续性改良，并对农业发展提出了更高的标准与要求，包括农业资源采掘标准、农村环境卫生标准、农作物耕种与收割标准、农产品运输与储藏标准、农民收入保障标准等。此外，科技发展深度还能不断培育和强化农作物种植技术、饲料生产技术、水稻杂交技术和病虫害天敌防治技术等，并大力推广农用机械，由此极大地提高粮食产量。

第三个维度是科技发展效率。科技发展效率是指科技成果产出与要素投入的比例。科技发展广度和科技发展深度分别侧重于科技研发人员与科研资金来提供保障，但在科技发展向广度和深度推进的初期，难免存在较多的资源浪费问题，而在后期则很容易出现产能过剩等弊端，因而需要向第三个维度推进，并通过进一步强调科技发展效率，有效整合农村发展的资源要素，借助实施低压罐罐、喷灌和微灌等节水灌溉技术，以及水肥一体化施肥技术，提高农业发展用水效率，以此驱动农村绿色发展。科技发展效率维度更加强调既定农业资源要素投入下的产量有多少，侧重衡量用于科技发展所投入资金带来的产出效益，以此对农村发展不充分问题形成系统认识（高强 等，2020），继而推动农业高质量发展（杜志雄 等，2021），故而需要更加专业化、更具技术性的生产方案和管理手段，因为仅有科技活动人员或者科研资金投入还不能形成良好的生产能力，这意味着更严标准、更高要求的科学技术需要在驱动农村绿色发展过程中得到体现。

本部分的创新之处主要表现在：从科技发展广度、科技发展深度和科技发展效率三个方面共同诠释了科技发展对农村绿色发展的影响。

8.3 理论模型与变量说明

8.3.1 理论模型的设计

农村绿色发展离不开科技发展的支持（陈芳芳，2022），本书设置了如下计量模型来考察不同地区科技发展对农村绿色发展的影响：

$$\mathrm{RGD}_{it} = \alpha + \beta \cdot \mathrm{TS}_{it} + \varepsilon_{it} + \mu_t + \nu_t \tag{8.1}$$

$$\mathrm{RGD}_{it} = \alpha + \beta \cdot \mathrm{TS}_{it} + \gamma \cdot \mathrm{Contral}_{it} + \varepsilon_{it} + \mu_t + \nu_t \tag{8.2}$$

其中，式（8.1）为科技发展独立影响农村绿色发展的计量模型，式（8.2）为考虑了控制变量以后的科技发展影响农村绿色发展的计量模型。TS 为科技发展指标，Contral 为系列控制变量，ε 为误差项，t 为时间因素，i 为省际变量，μ_t 为个体效应，υ_t 为时间效应，α、β 和 γ 为拟合参数。

8.3.2 变量说明与数据来源

与第 7 章类似，本部分农村绿色发展的数据也来源于第 3 章的表 3.2，并采用式（3.2）~式（3.5）来测算了各地区绿色基础指数、绿色资源指数、绿色环境指数和绿色技术指数，还从科技发展广度（记为"TW"）、科技发展深度（记为"TD"）和科技发展效率（记为"TE"）三个方面考虑了科技发展指标。

由于在科技发展广度这一阶段，科学技术主要解决农村发展的基础性问题，尚不需要大量资金和严格技术标准做支撑，因而本部分采用科技人员规模作为科技发展广度的代理指标，具体采用的是研究与试验发展（R&D）人员全时当量（记为"TW1"）、规模以上工业企业 R&D 人员（记为"TW2"）、高等学校 R&D 人员（记为"TW3"）的加权平均值。而在科技发展深度这一阶段，需要大量经费作为支撑来确保科技发展的深度推进，并且考虑到农用机械大多形成于工业企业，因而本部分主要采用科技研发投入作为科技发展深度的代理指标，具体是指研究与试验发展（R&D）经费投入强度（记为"TD1"）、规模以上工业企业办研发机构经费支出（记为"TD2"）、技术市场技术合同金额（按流向地域）（记为"TD3"）的加权平均值。科技发展效率维度强调对科技投入形成科技产出的效率，因而科技发展效率主要是考虑采用规模以上新产品销售收入占开发经费支出的比重（记为"TE1"）、高校发表科技论文和高校 R&D 经费投入的比重（记为"TE2"）、高新技术新产品销售收入占经费支出的比重（记为"TE3"）的加权平均值作为代理指标。

由于 TW1、TW2、TW3、TD1、TD2、TD3、TE1、TE2、TE3 都是正指标，但存在量纲差异，因而首先需要对各变量进行无量纲化处理，然后采用变异系数来确定各变量的权重，由此得到科技发展广度、科技发展深度和科技发展效率的加权平均值。

　　与第 7 章保持一致，从农村投资力度（Asset）、农村生态保护（Env）、农业价格指数（CPI）、农村消费能力（TCG）等方面选取了控制变量，以上数据均来源于历年《中国农村统计年鉴》《中国农业统计年鉴》《中国科技统计年鉴》和《中国统计年鉴》。

8.4　实证分析

8.4.1　描述性统计分析

　　针对已经整理的科技发展基础性指标，首先进行描述性统计分析，以此衡量我国各地区科技发展的基本面貌。具体结果如表 8.1 所示。

表 8.1　各变量的描述性统计结果①

变量	均值	标准差	最小值	最大值	样本量
TW1	127 272.3	145 478.5	4 008	872 238	330
TW2	119 364.2	158 311.7	1 033	911 222	330
TW3	28 765.17	21 013.97	1 082	128 146	330
TW	0.154 3	0.159 2	0.000 9	0.923 8	330
TD1	1.648 4	1.122 3	0.340 1	6.440 0	330
TD2	254.651 5	500.210 9	1.991 3	4 274.024	330
TD3	347.691 8	504.709 6	12.609 5	4 306.27	330
TD	0.091 7	0.109 0	0.000 7	0.910 1	330
TE1	0.251 8	0.159 4	0.059 2	1.396 3	330
TE2	13.724 9	5.590 1	0.858 6	75.254 8	330
TE3	12.684 6	10.310 2	0.198 6	80.217 5	330
TE	0.155 7	0.073 5	0.034 4	0.552 2	330

---

　　① 本表只给出了三类科技发展指标的基本情况，其余指标的描述性统计分析已经在第 7 章中给出，在此不再罗列。

根据表 8.1 可以发现，在 2010—2020 年，全国各地区研究与试验发展（R&D）人员全时当量、规模以上工业企业 R&D 人员、高等学校 R&D 人员的均值分别为 127 272.3、119 364.2 和 28 765.17，R&D 经费投入强度、规模以上工业企业办研发机构经费支出、技术市场技术合同金额的均值分别为 1.648 4 亿元、254.651 5 亿元和 347.691 8 亿元，规模以上新产品销售收入占开发经费支出比重、高校发表科技论文和高校 R&D 经费投入比重、高新技术新产品销售收入占经费支出比重的均值分别为 0.251 8、13.724 9 和 12.684 6，而科技发展广度、科技发展深度和科技发展效率的均值分别为 0.154 3、0.091 7 和 0.155 7，一方面表明科技发展广度、科技发展深度和科技发展效率的内部存在较大差异，有必要选取不同的科技发展指标来对三个维度进行综合衡量，另一方面也反映出总体样本间三个维度也存在较大的差异，因而进一步细分不同维度来诠释科技发展对农村绿色发展的驱动效应，具有更大的价值。

8.4.2　全样本检验

此处对部分变量进行了对数处理，包括三个科技发展指标、农村投资力度和生态保护力度，然后从全样本角度考虑了不同维度科技发展对农村绿色发展的影响，同时根据豪斯曼检验结果选择应该采用随机效应还是固定效应进行实证分析，具体结果如表 8.2 所示。

整体来看，拟合模型都应当选择固定效应模型，此时的估计效果更合适。科技发展广度、科技发展深度和科技发展效率的影响系数都显著为正，表明科技发展对农村绿色发展确实起到了较好的驱动作用，借助科技手段可以有效驱动农村绿色发展。考虑控制变量以后，TW、TD 和 TE 的系数都要大于没有考虑控制变量的系数，且调整的 R^2 也得到明显提升，表明本部分考察的控制变量是合适的。

进一步对比发现，相对科技发展广度和科技发展效率而言，科技发展深度对农村绿色发展的影响力度更大，这与金融支持农村绿色发展的结果较为一致，从而为驱动农村绿色发展提供了科技发展的思路。科技发展深度主要考察的是科技经费投入对农村绿色发展的影响，由此说明科研经费投入的边际贡献更大，我国当前科技产出主要依赖于科研经费的积累。科技发展广度和科技发展效率的影响系数相对偏低，可能的原因在于当前科技人才较为匮乏，在驱动农村绿色发展过程中相对疲软，未能形成规模效应。

表8.2　金融影响农村绿色发展的全样本估计结果

变量	（1）		（2）		（3）	
TW	0.029 6 *** (0.043 0)	0.072 0 * (0.038 2)				
TD			0.033 0 * (0.042 8)	0.110 6 ** (0.037 1)		
TE					0.050 1 * (0.053 8)	0.062 4 * (0.048 4)
In. Asset		0.005 5 * (0.016 1)		0.004 1 (0.016 3)		0.004 5 (0.016 3)
In. Env		0.066 4 *** (0.012 5)		0.065 3 *** (0.012 5)		0.064 3 *** (0.012 6)
CPI		−0.109 0 (0.113 6)		−0.100 5 (0.114 4)		−0.097 4 (0.113 9)
In. TCG		0.158 3 *** (0.025 5)		0.153 1 *** (0.025 7)		0.152 7 *** (0.025 5)
cons	0.335 3 *** (0.012 6)	0.663 4 *** (0.227 1)	0.328 6 *** (0.011 4)	0.648 6 *** (0.228 8)	0.338 6 *** (0.013 8)	0.645 8 *** (0.227 7)
Hausman	Fe	Fe	Fe	Fe	Fe	Fe
Province	Yes	Yes	Yes	Yes	Yes	Yes
Year	Yes	Yes	Yes	Yes	Yes	Yes
N	330	330	330	330	330	330
R^2	0.251 4	0.433 7	0.281 5	0.449 0	0.229 6	0.459 5

注：" *** "" ** "" * "分别表示拟合系数在1%、5%、10%的显著性水平下通过检验，括号内为稳健的标准误。

8.4.3　分维度检验

本书同时还估计了科技发展对绿色发展各维度指数的拟合系数，具体结果见表8.3—表8.6所示。结果发现，主要核心解释变量系数都通过了显著性检验，说明科技驱动农村绿色发展的路径可以通过科技发展广度、科技发展深度和科技发展效率来体现。

根据表8.3的结果发现，在考虑了控制变量以后，TW、TD和TE的系数都相对偏弱，反映出所选取的控制变量对农村绿色发展起到了一定的解释作用。考虑控制变量前后，TW、TD和TE的系数相差较小，说明科技发展广度、科技发展深度和科技发展效率在驱动农村绿色发展方面具有较强的稳定性。进一步来看，科技发展深度对农村绿色基础发展的拟合系数最大，其次是科技发展广度，最后是科技发展效率，这与全样本估计结果是一致的，也与改革开放以来投资作为最核心的马车来驱动经济增长的特征如出一辙。农村绿色基础指标主要体现在产量与收入方面，科学技术作为产出的长期驱动要素，已经得到各界的广泛认可。在科技要素中，科技人才的培养是一个漫长的过程，需要投入大量的时间和物质成本，而科技资金的即时效应比较明显，在短期内可以加速工程项目的推进，促进科技成果的转化，体现了科研资金投入对于推动农村绿色基础发展的重要价值，也反映了当前农业产出最核心的驱动力仍为投资。

表8.3 科技影响农村绿色基础发展的全样本估计结果

变量	(1)		(2)		(3)	
TW	0.218 0 ** (0.085 4)	0.145 8 ** (0.065 9)				
TD			0.274 3 *** (0.085 8)	0.220 8 *** (0.069 6)		
TE					0.066 6 * (0.110 6)	0.034 3 * (0.090 6)
Contral		Yes		Yes		Yes
cons	0.344 5 *** (0.024 3)	0.537 2 (0.430 5)	0.336 4 *** (0.021 8)	0.478 9 * (0.427 5)	0.321 3 *** (0.026 6)	0.529 8 * (0.436 2)
Hausman	Fe	Fe	Fe	Fe	Fe	Fe
Province	Yes	Yes	Yes	Yes	Yes	Yes
Year	Yes	Yes	Yes	Yes	Yes	Yes
N	330	330	330	330	330	330

表8.3(续)

变量	（1）		（2）		（3）	
R^2	0.341 4	0.359 1	0.344 3	0.366 6	0.301 6	0.341 8

注："***""**""*"分别表示拟合系数在1%、5%、10%的显著性水平下通过检验，括号内为稳健的标准误。

在表8.4中，科技发展广度的拟合系数最大，其次是科技发展效率，最后是科技发展深度，说明农村绿色资源的核心推动力量为科技人才。从农村绿色资源的包含指标来看，医卫系统的资质提升和乡村医疗系统的普及，都需要庞大的医疗队伍和更丰富的医疗资源，有效农作物播种面积也需要农业科技提供全面指导，通过长期的经验积累做到节水技术、灌溉技术、培育技术和管理技术等的有机协调，沼气技术也是在长期实践中总结出来的农村能源的使用手段，但应在确保安全、环保的基础上实现更低成本的普及。由此可见，在农村绿色资源的建设过程中，对科技发展的要求没那么严格，相对于科技发展深度和科技发展效率，科技发展广度可以支撑农村绿色资源的技术要求。因此，在农村绿色资源维度中，科技发展广度、科技发展深度和科技发展效率都能发挥积极的作用，但科技发展广度的普及意义更显著。

表8.4　科技影响农村绿色资源发展的全样本估计结果

变量	（1）		（2）		（3）	
TW	0.093 7* (0.057 9)	0.088 5* (0.048 2)				
TD			0.030 3* (0.054 9)	0.028 7* (0.048 2)		
TE					0.041 4* (0.068 2)	0.079 2* (0.059 3)
Contral		Yes		Yes		Yes
cons	0.283 0*** (0.019 7)	−0.178* (0.274 1)	0.274 7*** (0.018 1)	−0.194 5 (0.274 7)	0.265 5*** (0.020 3)	−0.193 9 (0.273 3)
Hausman	Fe	Fe	Fe	Fe	Fe	Fe
Province	Yes	Yes	Yes	Yes	Yes	Yes

表8.4(续)

变量	（1）		（2）		（3）	
Year	Yes	Yes	Yes	Yes	Yes	Yes
N	330	330	330	330	330	330
R^2	0.307 5	0.286 8	0.300 1	0.382 0	0.300 5	0.385 4

注："***""**""*"分别表示拟合系数在1%、5%、10%的显著性水平下通过检验，括号内为稳健的标准误。

在表8.5中，科技发展深度的拟合系数最大，科技发展广度和科技发展效率的影响系数较为接近，但相对偏弱，可见农村绿色环境发展的有效驱动因素为科技发展深度。我国当前的农村污染问题较为严重，一个重要的原因在于企业在污染环境后受到的惩罚较少，很多企业为了节省成本，没有在财务报表中列支环境保护开支，而由政府推动的环境治理项目，也需要大力吸收社会资本才能顺利推行。出于社会声誉和政策压力等考虑，当企业投入更多的科研经费来协调科技产出和环境保护时，农村绿色发展过程中所采用的农药、塑料薄膜等将会得到一定程度的降低，因而能较好地缓解农村环境污染；逐步完善的清洁能源技术在资金充足的前提下，通过大量替代化石能源，也将有效改善污染排放问题；农用杀虫灯和养花农药等农业科技手段，亦只有在科技研发资金得到持续补给的背景下，才能以低成本的方式得到普及，从而显著提升农村病虫鼠害防治率。

表8.5　科技影响农村绿色环境发展的全样本估计结果

变量	（1）		（2）		（3）	
TW	0.038 3 * (0.024 2)	0.041 7 * (0.024 2)				
TD			0.096 4 *** (0.028 4)	0.108 8 *** (0.028 4)		
TE					0.024 8 (0.003 82)	0.015 5 * (0.038 5)
Contral		Yes		Yes		Yes

表8.5(续)

变量	(1)		(2)		(3)	
cons	0. 126 4 *** (0. 005 8)	0. 418 7 ** (0. 195 5)	0. 123 3 *** (0. 005 2)	0. 447 3 ** (0. 191 2)	0. 136 2 *** (0. 023 0)	0. 425 5 (01 967)
Hausman	Fe	Fe	Fe	Fe	Fe	Fe
Province	Yes	Yes	Yes	Yes	Yes	Yes
Year	Yes	Yes	Yes	Yes	Yes	Yes
N	330	330	330	330	330	330
R^2	0. 349 1	0. 360 1	0. 386 7	0. 424 8	0. 302 1	0. 330 2

注："***""**""*"分别表示拟合系数在1%、5%、10%的显著性水平下通过检验，括号内为稳健的标准误。

在表8.6中，同样发现科技发展深度的影响系数最大，其次是科技发展广度，最后是科技发展效率，表明当前我国农村绿色技术的主要推力在于科技经费的全面投入。衡量农村绿色技术的指标主要包括热能技术、电力技术、网络技术和机械技术，而这些技术推进的短期障碍是资金匮乏，长期乏力的根源在于人才不足引发的技术难题未能得到迅速破解。因此，从短期来看，加速农业科技经费的有效投入，将成为突破农业技术瓶颈、提升农业技术水平的重要保障，也是驱动农村绿色发展的核心要素。

表 8.6　科技影响农村绿色技术发展的全样本估计结果

变量	(1)		(2)		(3)	
TW	0. 190 9 ** (0. 092 2)	0. 063 8 * (0. 068 2)				
TD			0. 202 1 ** (0. 089 4)	0. 074 8 * (0. 070 1)		
TE					0. 087 0 * (0. 112 7)	0. 017 7 * (0. 088 6)
Contral		Yes		Yes		Yes
Cons	0. 286 3 *** (0. 028 7)	0. 227 3 (0. 416 8)	0. 275 8 *** (0. 026 3)	0. 249 3 (0. 417 4)	0. 270 5 *** (0. 030 9)	0. 231 0 (0. 416 6)
Hausman	Fe	Fe	Fe	Fe	Fe	Fe

表8.6(续)

变量	（1）		（2）		（3）	
Province	Yes	Yes	Yes	Yes	Yes	Yes
Year	Yes	Yes	Yes	Yes	Yes	Yes
N	330	330	330	330	330	330
R^2	0.312 2	0.571 9	0.315 6	0.570 4	0.304 0	0.548 5

注："***""**""*"分别表示拟合系数在1%、5%、10%的显著性水平下通过检验，括号内为稳健的标准误。

对比表8.3—表8.6可以发现，表8.3中核心解释变量的拟合系数最大，表明科技发展对农村绿色基础的驱动效应更明显。

8.4.4 分区检验

为进一步验证表8.2的合理性，按照第7章的思路，此处采用两种分区方式检验科技对农村绿色发展的影响，首先从传统的东中西三大区位进行实证检验，结果如表8.7所示。由于全样本检验以及大部分分维度检验的实证结果都发现，科技发展深度对农村绿色发展的影响力度最大，因而接下来的分区检验和后面的稳健性检验都只采用了科技深度指标。

表8.7 按传统东中西三大区域检验的结果

	东部		中部		西部	
TD	0.010 2 (0.037 8)	0.018 2 (0.055 6)	0.017 5 * (0.015 2)	0.026 3 * (0.045 1)	0.025 1 * (0.110 9)	0.032 1 * (0.035 8)
Contral		Yes		Yes		Yes
Cons	0.651 2 * (0.077 1)	0.933 2 ** (0.014 5)	0.415 2 * (0.066 5)	0.825 1 * (0.071 4)	-0.325 1 (0.167 5)	-0.066 9 (0.045 7)
Hausman	Fe	Fe	Fe	Fe	Fe	Fe
Province	Yes	Yes	Yes	Yes	Yes	Yes
Year	Yes	Yes	Yes	Yes	Yes	Yes
N	99	99	72	72	90	90
R^2	0.452 8	0.530 2	0.369 2	0.440 1	0.521 2	0.593 7

注："***""**""*"分别表示拟合系数在1%、5%、10%的显著性水平下通过检验，括号内为稳健的标准误。

从表8.7的检验结果发现，科技驱动农村绿色发展呈现一定的区域阶梯特征，西部地区科技发展对农村绿色发展的驱动力最大，其次是中部地区，东部地区核心解释变量拟合系数的估计值相对较弱，且没有通过显著性检验，这与我国区域间的农业发展特征较为吻合。除了内蒙古、云南和四川等地区，我国其余西部地区的产业结构也基本上以第一产业为主，并且国家统计局公布的数据显示，在三大区域中，最近20年西部地区第一产业平均占比为11.28%，高于中部地区，也接近东部地区6.89%的两倍；此外，近20年间，西部地区第一产业增加值的均值高达105.0679%，远高于东部地区的102.7235%，也高于中部地区的104.4594%。由此可见，我国西部地区的农业体系相对更庞大，同时说明在以科研经费作为科技发展深度指标的前提下，西部地区利用科技资源驱动农村绿色发展的潜力最大。

由于我国农业大省几乎遍布三个区域，因而完全按照地理区域划分所得的结果可能存在一定的片面性。为了增强分区检验结果的合理性，本部分进一步根据第3章表3.2所测算的各地区农村绿色发展水平，将其按照由低到高的顺序进行排列，并等分为三个组，分别是农村绿色发展低水平组、农村绿色发展中水平组和农村绿色发展高水平组，每个组包含10个地区，对此进行科技影响农村绿色发展的分区检验，结果如表8.8所示。可以发现，不管是农村绿色发展处于哪个层次，科技发展都发挥了积极的作用，由此支持了表8.2的结论。

表8.8　按农村绿色发展水平高低分三大区域检验的结果

变量	低水平组		中水平组		高水平组	
TD	0.036 3[*] (0.035 6)	0.046 1[**] (0.042 1)	0.015 8[**] (0.039 9)	0.120 0[**] (0.033 3)	0.026 9[*] (0.041 5)	0.034 1[*] (0.047 8)
Contral		Yes		Yes		Yes
cons	0.633 2[*] (0.025 8)	0.920 2 (0.082 5)	0.825 4[*] (0.055 2)	−0.093 5 (0.111 0)	0.772 1[*] (0.017 2)	0.315 7[*] (0.172 5)
Hausman	Fe	Fe	Fe	Fe	Fe	Fe
Province	Yes	Yes	Yes	Yes	Yes	Yes
Year	Yes	Yes	Yes	Yes	Yes	Yes

表8.8(续)

变量	低水平组		中水平组		高水平组	
N	90	90	90	90	90	90
R^2	0.356 2	0.403 6	0.312 8	0.522 6	0.368 4	0.428 9

注："***""**""*"分别表示拟合系数在1%、5%、10%的显著性水平下通过检验，括号内为稳健的标准误。

根据表8.8的结果进一步发现，低水平组的拟合系数最高，其次是高水平组，而中水平组的拟合系数最低，表明我国农村绿色发展水平相对较低的区域需要更多的科研经费。借助农业扶持与财政拨款、风险投资与担保基金等方式，为低水平地区筹集更多研发资金，有利于解决农村绿色发展过程中面临的普适性科技难题，因而科技发展对农村绿色发展的驱动潜力更大，其拟合系数最高。相对而言，高水平组地区的农村绿色发展综合情况较为乐观，驱动农村绿色发展过程中的低技术难题基本得到突破，但还需要更多的科技资金投入来解决技术研发瓶颈，攻克农业发展过程中的重大技术困难，因而科技发展深度指标也具有较大的正向拟合系数。中水平组地区的农村绿色发展模式相对低水平组地区更为成熟，完全依赖资金投入来驱动农村绿色发展的方式得到较好的改善；此外，中水平组地区也可不断学习高水平组地区的经验模式，同时根据空间相依属性吸收高水平组地区的技术溢出成果，因而也可以适当放宽完全借助科研资金来提高农村绿色发展的基本要求。这也表明，在同等环境下，驱动中水平地区农村绿色发展的核心要素有可能已经从科技发展深度向科技发展广度和科技发展效率转变。

8.4.5 门槛检验

在分区检验中发现，不管是按行政区位还是按农村绿色发展水平所划分的区间，科技发展对农村绿色发展的影响都存在区间差异。由于全样本检验证实了科技发展存在驱动农村绿色发展的可能，而东部地区的拟合系数没有通过显著性检验，同时农村绿色发展中水平地区的拟合系数相对较小，表明科技在驱动农村绿色发展的过程中，可能存在区制效应，因而有必要进一步进行门槛检验。本书将科技发展深度指标作为门槛解释变量，重新进行了面板门槛模型估计，所得结果如表 8.9—表 8.11 所示。

表 8.9   门槛估计值

Model	Threshold	Lower	Upper
Th-1	0.106 9	0.004 8	0.007 3
Th-21	0.210 3	0.010 2	0.010 6
Th-22	0.100 2	0.008 4	0.010 3
Th-3	0.171 4	0.170 0	0.172 9

表 8.9 为门槛估计结果，表 8.10 为门槛检验统计量。可以发现，存在一个门槛值和存在两个门槛值的 P 值都小于 0.1，而存在三个门槛值的 P 值大于 0.1，由此说明选择两个门槛值进行估计是更合理的。

表 8.10   门槛检验结果

Threshold	RSS	MSE	Fstat	Prob	Crit10	Crit5	Crit1
Single	0.174 5	0.000 5	10.23	0.000 0	15.032 4	18.325 6	29.388 2
Double	0.174 0	0.000 5	8.45	0.013 3	16.001 5	19.484 9	27.207 3
Triple	0.171 1	0.000 5	5.56	0.763 3	17.607 8	20.905 8	25.197 5

设定两个门槛统计量进行估计的结果如表 8.11 所示。可以发现，当科技发展深度小于 0.100 2 的门槛值时，其对农村绿色发展的驱动系数为 0.055 3，并且通过了显著性检验；而当科技发展深度进入 0.100 2~0.210 3 时，驱动力迅速降低到 0.015 3；当科技发展深度超过 0.210 3 时，对农村绿色发展的驱动系数又提高到 0.081 7，由此说明科技驱动农村绿色发展确实存在显著的门槛效应。在科技发展的低水平阶段和高水平阶段，都能更快地推动农村绿色发展，而在科技发展处于中水平阶段时，其驱动效应相对较弱，符合表 8.8 的结果。这一现象的可能原因在于，本节采用了科技发展深度进行门槛检验，同时又选择了科研经费投入作为科技发展深度指标。初期少量的科研经费投入能够为农村绿色发展带来较大的边际贡献，后期大量的科研经

费投入有助于突破卡脖子技术，因而能显著提升农村绿色发展的水平和速度，但中水平的科研经费投入可能存在部分瓶颈约束，使得驱动效果有所减弱。但综合来看，科技发展驱动农村绿色发展得到实证检验，尤其是在我国地域辽阔、产业类型复杂的农村，继续推动农村地区科技项目建设和科技资金投入，依然可以在驱动农村绿色发展过程中扮演重要的角色。

表 8.11　门槛模型的结果

RGD	Coef	Std. Err	P	[95% Conf. Intercal]	
TD<0.100 2	0.055 3	0.034 1	0.025	0.008 2	0.025 6
0.100 2<TD<0.210 3	0.015 3	0.022 0	0.013	0.011 9	0.098 7
TD≥0.210 3	0.081 7	0.015 8	0.006	0.069 2	0.110 7
ln. Asset	−0.023 5	0.013 4	0.081	−0.049 9	0.002 9
ln. Env	0.009 0	0.006 7	0.018	−0.004 1	0.022 1
CPI	0.012 2	0.034 7	0.026	−0.056 1	0.080 4
ln. TCG	−0.317 3	0.036 2	0.000	−0.388 6	−0.246 1
cons	0.402 6	0.077 9	0.000	0.249 3	0.555 9
Sigma_ u	0.052 8				
Sigma_ e	0.019 0				
Rho	0.885 4				

注：模型的 R2 为 0.707 6，整体的 F 统计量为 18.90，对应的 P 值为 0.000 0。

8.4.6　稳健性检验

为了进一步增强科技驱动农村绿色发展研究结论的可信度，本书考虑用三种方式进行稳健性检验：其一是采用核心解释变量的滞后一阶项为工具变量重新进行 GMM 估计；其二是采用全部企业 R&D 人员作为科技广度的代理指标，采用技术市场技术合同金额（按流出地域）作为科技深度的代理指标，采用各地区农业植物新品种权专利数量相对于上一年的专利授权量以及技术市场技术输出地域（按合同金额）进行综合加权，重新得到科技发展效率，以此作为科技发展指标替换原来的核心解释变量；其三是采用熵值法重新估计农村绿色发展水平，以此替换之前的被解释变量。三种稳健性检验的结果如表 8.12 所示。

结合表 8.12 的检验结果进行整体分析可以发现，不管有没有考虑控制变量，核心解释变量都在 10% 的水平下通过显著性检验，与表 8.2 的结果对比来看，除了估计系数的大小略微有所差异，拟合方向保持高度一致，由此说明本书的稳健性检验是成功的，可以强烈反映出科技发展对农村绿色发展具有较稳健的驱动效应。

表 8.12　稳健性检验结果

变量	工具变量：L. TD		替换解释变量		替换被解释变量	
TD	0.036 5 *** （0.041 5）	0.052 8 *** （0.065 3）	0.074 5 * （0.253 8）	0.099 3 * （0.021 3）	0.010 5 ** （0.036 3）	0.020 2 * （0.175 2）
Contral						
cons	0.663 5 * （0.066 5）	0.145 2 * （0.171 1）	0.252 3 * （0.075 1）	−0.369 5 （0.142 1）	0.521 4 * （0.077 8）	0.663 2 （0.010 5）
F	1 296.025 0	1 368.126 0				
Hausman	Fe	Fe	Fe	Fe	Fe	Fe
R^2	0.558 3	0.594 6	0.316 3	0.375 3	0.621 7	0.630 0

注："***""**""*"分别表示拟合系数在 1%、5%、10% 的显著性水平下通过检验，括号内为稳健的标准误。

8.5　本章小结

科学技术作为经济产出的重要源泉，在驱动农村绿色发展过程中也可以扮演重要的角色。本章认为科技发展广度可以为农村绿色发展提供必要的人才支持，科技发展深度可为农村绿色发展提供充裕的科研资金，科技发展效率可以衡量驱动农村绿色发展的科技速度，因而有必要从科技发展广度、科技发展深度和科技发展效率三个维度系统分析并检验其对农村绿色发展的影响。通过设计科技发展广度、科技发展深度和科技发展效率影响农村绿色发展的计量模型，以及对农村绿色基础指数、农村绿色资源指数、农村绿色环境指数和农村绿色技术指数的模型进行设定，再采用2010—2020年全国30个省（区、市）（不含港澳台地区和西藏自治区数据）面板数据进行实证分析，结果发现：①科技发展广度、科技发展深度和科技发展效率都能显著驱动农村绿色发展，并且科技发展广度的驱动力量更大；②在分维度影响过程中，科技发展对农村绿色基础的驱动力更大；③从区域影响效应来看，西部地区的科技推动力量最大，其次是中部地区，最后是东部地区；④从农村绿色发展水平来看，农村绿色发展水平相对较低的地区，科技发展的驱动力量更明显，而中水平组的科技驱动效应相对偏弱；⑤科技发展驱动农村绿色发展存在显著的门槛效应，科技低水平和高水平阶段对农村绿色发展的驱动效应更明显。研究结论意味着不仅需要提升科技元素的涉农范围，推进农业科技化发展，以此建设现代化的生态农业体系，还需要加速农业科技成果向市场的转换，提升科技服务农村经济的层级和效率，并在设计科技驱动农村绿色发展过程中，要针对不同的空间地域实施有差异化的农村绿色发展驱动方案。

基于上述重要研究结论，由于科技发展广度、科技发展深度和科技发展效率都具有显著的农村绿色发展驱动效应，因而本书认为全面实现我国乡村振兴战略、系统推动我国农村经济可持续发展，应当深入完善农村科技体系，持续加大对农业科技的研发投入，不断扩充农业科技高层次人才，着力提升农村发展效率。一方面是大力促进科技与金融的结合，引导投资基金入驻乡村，设立农业专项拨款项目，加强农业科技补贴；通过线上与线下相结合的方式，定期开展科技人员的培训与研修活动，着力培养农业科技人才，丰富农业队伍的知识技能；加强农业产业技术体系建设，推进产业发展与生态建设协同并进，突破关键技术瓶颈，实现农业产业技术转型升级，提升农业科技效率。另一方面是增强项目的针对性和实用性，推动农业生态科技成果的转化，通过多渠道争取成果转化经费，加速成果转化推广力度。

9　中国农村绿色发展的对策建议

如何有效驱动农村绿色发展，国内外学者都进行了大量的探讨，但不管制定何种对策，都要建立在准确分析的基础上。本书通过大量的资料收集、信息加工、数据处理、统计建模和计量分析，发现我国在农村绿色发展过程中存在较多特殊问题，包括衡量农村绿色发展的统计数据不够全面、农村绿色发展的区域差异显著且内部差异明显、存在空间溢出效应、经验不足且缺乏成功模式等。基于此，本部分将针对上述问题从六个方面提出有针对性的解决对策，希冀借此设计可行的农村绿色发展驱动方案。

9.1　进一步完善基础数据

从本书的研究过程来看，各省（区、市）农村绿色发展的基础核算数据存在较多问题，比如指标解释不够明确、数据公布时间较晚、地区间的数据缺乏可比性等，使得评估的结果可能不足以全面反映农村绿色发展的实际情况。由此可见，对农村绿色发展的认识存在不足与片面等问题，主要原因在于基础数据难以获取，因而完善农村绿色发展统计核算边界和基础数据公布制度，可以准确衡量农村绿色发展的基本现状、主要特征和地区差异，也有利于及早发现农村绿色发展过程中的潜在风险。

首先，要不断提高农民对统计工作重要性的认识，加强农村居民主动上报农村经济统计数据的意愿。这就需要大力向农户宣传国家统计的含义，定期进村开展国家统计思想与统计价值的培训，以此降低普通农户出现服务国家统计思想滑坡等问题的可能性。与此同时，通过设立统计优秀个人、统计调查工作积极参与者等奖项，颁发荣誉证书，在村委选举、子女考公考编以及从军等方面予以优先考虑；将个人配合或参与统计调查的情况与地方征信部门衔接，对积极配合或踊跃参加农村统计调查的个人，可酌情消除已经出现的信用不良记录或提高信用等级，刺激农户填报统计数据的积极性。

其次，各地方统计局和统计调查队要不断开拓农村市场调查，加大数据采集口径和公布频率。一方面，各地统计部门要深入农村地区开展实际调研工作，改革依靠村委会提供调查数据的传统模式，设立农村经济统计数据调查小组，在已有统计方向的基础上，进一步完善统计调查手段与方式，明确城市与农村，第一产业与第二产业、第三产业，农业与其他行业的核算边界，丰富农村资源的统计类型，不断细化对农村科技和农村金融等领域的调查，以此增加统计调查指标。另一方面，赋予农村地方统计调查小组适当的乡村选举与自治权力，对涉嫌违规造假的村干部具有一票否决权，以此缓解地方政府官员出于利益考虑而出现的干扰统计数据等现象。

最后，加强统计部门公信力度，完善农村统计数据编制指南、公布标准和数据质量评估手册。建立统计部门、司法部门、财政部门、人事部门和组织部门等多主体联合协调机制，对村委会干部拒绝接受统计调查，少报多报、迟报漏报等情况，通过降低绩效、推迟晋升、暂停社保等方式予以惩罚，对肆意篡改统计数据、干扰或阻拦全面统计调查的行为，进行立法处置，以此提高统计部门的威信。此外，中央和各地区统计部门也要不断完善农村统计数据的编制方案，并基于国际基础准则定期全面公布非机密数据，同时依据国际数据质量评估通用准则（GDDS）或国际数据质量评估特殊标准（SDDS）成立农村数据质量检测与评估中心，专门针对农村统计数据展开质量评估，以此切实反映农村地区经济社会的生活面貌。

9.2 优化农村绿色发展模式

根据第四章的研究结论可以发现，我国农村绿色发展绩效形势较好，但也存在一些敏感性诱因，有效解决"三农"发展面临的瓶颈问题，大力创新绿色资源，优化农村绿色发展模式，通过绿色创新来提供新的产品与服务，积极推进农村绿色发展，仍旧是当前乡村振兴战略的重要突破口。因此，本书认为可以从三个方面予以重点考虑。

第一，逐步改良高污染、高排放企业的生产模式。传统企业采用的生产手段普遍较为落后、管理技术较低，并且企业出于利益考虑会严格控制投入成本，使得这部分企业倾向于采用更多的化石、煤炭等低成本的不可再生矿产资源，加之政府和市场对企业生产环境监管力度不严，由此带来日益严峻的环境问题。为此，需要在已有成效的基础上，进一步推动环境保护工作，取消私人矿山开采项目，关停大型排烟排污工程项目。同时，也应当有序推动并提高环境税和资源税，以此缓解对不可再生资源的过度攫取，提高资源的利用效率。

第二，大力研发清洁能源技术。当前各国清洁能源技术的研发与运用都面临资金匮乏、人才不足、标准不严等多方面的难题，因而也存在一个较长的研发周期。为此，需要为清洁能源企业提供政策优待，适当减免企业税收，为从事清洁能源研发技术的人员提供必要的地区优待和社会福利，妥善解决其父母赡养和医疗问题，为子女教育提供优先选择权，借此化解清洁能源行业的人才压力。同时提高清洁能源企业的上市审批效率，加快企业融资速度，通过资本市场为清洁能源技术提供资金支持。还要进一步完善绿色发展标准体系建设，加强与国际环保标准的接轨，增加高标准下的优质产品供给。

第三，建立完善经济、资源、环境三位一体的协同治理模式和有效调控机制，通过资源环境成本计价，倒逼农业企业和个体农户不断探索新的污染治理技术，有序改良清洁生产工艺，陆续更新绿色智能装备，以此加速农村发展的绿色化、智能化和可再生的循环过程。将推动清洁能源技术打造成重要的农村普惠工程，限定清洁能源商品的最高价格，差额部分由财政补贴，同时降低技术转换成本，以此着力推动清洁能源在农村地区使用的广度和深度。

以上三个举措协同并进，将有助于优化农村绿色发展模式，加速清洁能源技术的研发和普及，也有助于提升农村绿色发展的水平与速度。

9.3 探索制定结构性驱动策略

本书的实证研究还发现，尽管我国农村绿色发展整体呈现上升的趋势，但也存在很强的区域差异特征，不同地理区间、不同金融发展水平以及不同科技发展程度的地区，农村绿色发展都极具差异性。为此，农业农村部、环保部和自然资源部等在制定全国农村绿色发展的策略方针时，应当统筹全国的区域差异性，分区域、分特点制定结构性的农村绿色发展驱动策略。各地方政府在结合自身实际的基础上，也需要参考相邻地区的相关经验，制定有针对性的农村绿色发展策略，充分疏通周边地区良好做法的辐射路径，提高农村绿色发展的溢出效应。具体而言，主要可以从以下两个途径展开。

从区域角度来看，应当大力推动西部地区科技建设和金融建设，适当提高西部地区科技经费投入比重，积极培育西部农业高科技人才，切实保障农业科技人才的研发成果，加速西部科技产出效率，通过完善西部农业科技人才的社会保障机制，有序引导全国农业科技人才参与西部大开发建设。全国金融产品和服务发展业务也要向农村绿色发展低水平地区倾斜，进一步完善国家开发银行和中国农业发展银行对西部地区的金融支持手段，鼓励商业银行、非银行金融机构、私募基金、保险公司加强对农村贷款业务的支持，加强证券交易所、期货交易所对西部地区的金融创新支出力度，有序加速西部地区金融创新产品和服务的审批流程，提高金融的市场化运行效率。

从省市角度来看，需要坚持总量与结构、速度与效益相匹配的原则，树立经济增长与资源节约、环境友好相互协调的发展理念，加速提升广西、北京、辽宁和上海等地区的农村绿色发展水平，尤其要积极支持上海地区发展现代农业绿色技术，推动农村沼气工程和农用机械总动力等工程建设；积极支持天津提高人均农作物播种面积建设，支持辽宁开展农村沼气工程项目建设，支持海南提高人均医生和卫生人员比重，驱动这些地区在农村绿色资源方面的建设；支持河北提高财政支持农林事务发展方面的支出，支持云南等地区提高农村人均可支配收入，以此驱动农村绿色基础建设；全力推动甘肃省在人均产出和人均可支配收入等农村绿色基础方面的建设工作、提高森林病虫鼠害防治率等农村绿色环境方面的建设工作和加强人均沼气工程项目等农村绿色技术方面的工作。

9.4　持续完善农村金融体系

就第 7 章所得到的重要研究结论发现，金融发展广度、金融发展深度和金融发展效率都有助于提升我国农村绿色发展水平。因此，本书认为加速我国农业现代化建设、推动我国农村经济可持续发展，应当在大范围推行普惠金融的基础上，深化农村金融体制改革和金融服务力度。

具体而言，一方面是发展不同类型的农村金融机构，提高涉农金融机构奖励政策，发挥各类涉农金融机构各自的比较优势，维持中小金融机构在乡村地区的投入力度，引导中国建设银行、中国招商银行等大中型金融机构在农村开展金融活动；加快金融创新步伐，丰富涉农金融产品和服务业务，鼓励金融服务供给主体参与更多的农村建设活动，拓宽农业融资渠道，完善农村金融服务体系；创立农业产业发展基金，拓宽金融业务辐射水平，加强合作金融功能；探索建立政府信贷担保基金，进一步优化农业担保和保险业务，分散农业经营风险，降低涉农担保机构准入门槛；完善农产品的衍生品市场，鼓励涉农企业开展套期保值业务，建立包含农户、企业和监管机构等多个主体在内的，风险防控、功能齐全、分工明确、有序竞争的农村金融市场体系。

另一方面是建立并完善农村信用体系，将所有农户的存款收入、消费支出、信贷额度等数据进行系统收集与全面评估，降低农村金融机构的信息采集成本；扩大农村信贷资金使用范围，将金融产品和服务有效供给到偏远山区和贫困地区，做到金融向农业的每一个环节、产品的每一个类型、农村的每一户家庭延伸；发展涉农信贷的中间业务，增加农业信贷盈利水平，提高金融机构发放农业信贷的积极性；建立并完善农村利率定价体制机制，适度降低支农贷款利率，提高偏远地区农业生产与发展的利率优惠力度；借助农村互联网体系，不断创新农村互联网金融业务，通过尝试建立多层次的农村金融市场，持续完善农村金融体系，增强金融市场的资金配置效率；有序推进农村金融改革，规范农村金融机构的持续化经营模式，针对涉农金融服务机构制定有差异化的监管政策，构建针对农村地区的金融风险动态监控体系。

9.5 深入发展农村科技体系

基于第8章的重要研究结论可知，由于科技发展广度、科技发展深度和科技发展效率都具有显著的农村绿色发展驱动效应，因而本书认为全面实现我国乡村振兴战略、系统推动我国农村经济可持续发展，应当深入完善农村科技体系，持续加大对农业科技的研发投入，不断扩充农业科技高层次人才，着力提升农村科技发展效率。具体包括四个层面的对策。

第一，积极打造科技金融。主要是大力促进科技与金融的结合，引导投资基金入驻乡村，设立农业专项拨款项目，加强农业科技补贴；积极依托乡村互联网技术开发农村电商平台，充分发挥农村商业银行、邮政储蓄银行和保险公司的金融资源优势，优化网点布局，对相关网点进行科技改造，借此加强科技与金融的协同效应；利用大数据技术挖掘并分析农村经营主体的信用信息和交易数据，完善农村金融机构的信贷业务，优化金融资源的配置效率；建立大数据风控模型，提高运用科技应对金融风险的能力。

第二，培养农业科技人才。完善农业科技人才的培养体系，通过线上与线下相结合的方式，定期开展科技人员的培训与研修活动，提高农业从业人员在农业种植、灌溉、浇水、收割等环节的技能，丰富农业队伍的知识储备，培养一批懂农村爱农村、理论联系实际、敢于创新创业的高水平农村科技队伍。健全农业科技人员评价机制，保障农业科学研究的知识产权，留住农业院校优秀毕业生，吸引更多人员跨专业进入农业领域。通过做好顶层设计、提升学历层次、优化专业结构、拓宽生源渠道等方式，鼓励更多高水平、高学历和丰富经验的人才踏上乡村振兴道路。

第三，提升农业科技效率。大力扶持地区农村龙头企业，鼓励农业技术创新，加强农村土地整改，推动中西部地区农业机械化、规模化建设，创新农业投入方式，以此提高农业生产技术效率；建立政府、高校、农业科研院所、涉农企业和农民个体的农业技术扩散网络，依靠各主体的自身优势进行合理互补与竞争合作，同时通过完善农业推广网络和信息服务体系建设，优化农业科技成果评审制度，以此提高农业技术推广效率；提高农业科技管理人员的基本素质与专业水平，完善农业科技成果评估体系，创新科研成果管理体制机制，以此提高农业技术管理效率；加强农业产业技术体系建设，推进产业发展与生态建设协同并进，突破关键技术瓶颈，实现农业产业技术转型升级，以此提升农业技术产出效率。

第四，加速农业科技成果转化。积极推动城市反哺农村活动，倡议并引导更多城市农业科技人才进入乡村开展实践调研与农业科研工作，鼓励学术成果围绕我国乡村实际展开探索，把学术论文写在祖国乡村大地上。有序开展科技支援乡村活动，增强农业科技项目的针对性和实用性，推动农业生态科技成果的转化。进一步提高农业生产全过程的经费投入比例，通过多渠道争取成果转化经费，加速成果转化推广力度。

9.6 积极借鉴国外良好模式

农村生态环境恶劣不是我国独有的特征，国际上很多工业化推行较快的地区也存在类似的现象。全球农村污染带来的环境问题也引发了国际社会的广泛关注，以世界自然基金会、联合国环境规划署等为代表的国际环保组织纷纷提出倡议和举措力图降低污染、减少浪费，并在创造人与自然和谐共处方面扮演着重要的角色。"他山之石，可以攻玉"。英国、德国、瑞士、法国、日本、美国等部分国家在农村土壤污染、水污染和空气污染治理方面也采取了一些科技手段和探索性措施，这些都为我国提供了良好的经验借鉴。

站在地球村上，我们一是要认真思考科技引领型的美国循环农业发展模式，大力推动农业科技建设，依靠科学技术作为农业生产的第一驱动力，将北斗导航技术应用于农业发展，充分培养节水灌溉种植技术，降低水资源、化肥和农药的浪费程度，设立农业技术标准来严格控制农作物的残留农药，提高水资源、大气资源和土壤资源的清洁度；参考循序渐进型的德国村庄更新模式，借助政府制定的法律文本和规章制度进行宏观管理与综合统筹，立足长远视角，通过有机作物开发生物能源，并进行技术转换作为农作物生产的要素，同时基于可持续发展理念来推动农村建设；学习精简集约型的荷兰农地整理模式，针对北京、天津、上海、广东等城市率较高的地区，系统整理有限的农业资源开展，精耕细作，充分发挥地区比较优势，减少农地利用的碎片化现象，提高农业产出的规模效应；借鉴生态环境治理型的瑞士乡村建设模式、综合发展型的法国农村改革模式、村民与政府共治型的日本农村环境治理模式所做出的肯定性成果，总结经验，吸收精华，针对甘肃、山西等农村环境相对较差的地区，通过征收农村环境污染税收、发放农业环境改善补助等手段，积极参与本地区农村绿色发展工程建设。二是要坚持"绿水青山就是金山银山"的发展理念，提高农村居民参与农业环境保护的意识，培养农民参与生态农业建设和乡村振兴战略的积极性，鼓励公众参与绿色食品的市场化行为；有效减少秸秆焚烧、生活污水排放、城市污染转移等问题，做好生活垃圾清理等工作，综合整治用水系统，改善农村人居环境；对油菜、马铃薯等农作物进行有机培育，提取植物柴油作为动力燃料，以逐步取缔化石燃料柴油的使用，大力减少煤炭资源的过度开发，合理控制塑料薄膜的使用量；提高农作物的鼠害病虫防治率，降低农村土壤和农作物中的残留药物，陆续推动清洁能源产品进乡入村。三是要主动融入全球环境治理大格局，积极倡议全球气候变化公约，共同努力改善酸雨、臭氧层破坏、耕地退化、土地资源和水资源污染以及危险废物越界转移等重大污染问题；同时在全球环境峰会中发出自己的声音，清醒认识并抵制国外环境污染企业向我国的搬迁行为，减少外来污染对我国的负面冲击。

10 结 论

本书在综合国内外已有研究成果的基础上，通过对农村绿色发展进行全面观察和深度剖析，得到如下六点主要结论。

第一，我国农村绿色发展整体水平在不断提升，平均增速为1.12%。从发展水平来看，甘肃、广西、海南等地区的农村绿色发展水平较低，四川、吉林、福建等地区的农村绿色发展水平较高；从发展趋势来看，广西、贵州、重庆等地区的农村绿色发展水平提高明显，北京、辽宁和上海的农村绿色发展水平在逐渐降低；从指标结构维度来看，甘肃省由于在农村绿色基础、农村绿色环境和农村绿色技术等方面与其他广大地区存在较大差距，使得其农村绿色发展水平最低，而黑龙江的农村绿色发展水平最高，紧随其后的是山东、内蒙古和江苏等地区，可能与这些地区的农业发展优势有着较大关联。不同地区农村绿色发展指数存在明显的空间差异性，这可以为寻找农村绿色发展水平驱动路径提供依据。大部分地区农村绿色发展各个维度的权重较为均衡，体现了指标选取的合理性，但长远而言，绿色技术的影响力度正在不断上升。

第二，我国农村绿色发展水平具有显著的时序波动性，在样本期间内呈现出三个先增加后减少的双倒 U 形特征，其历史高位大约出现在 1996 年、2003 年和 2015 年，随着经济发展、污染治理和资源利用等手段和规章制度的完善，农村绿色发展水平将逐期提升。进一步从经济周期波动视角得到的结论发现，我国农村绿色发展呈现周期性上升的趋势，在样本期内的上升与下降特征都十分显著，但在外在干预下整体表现为相对稳定且具有逐级上升的缓慢趋势。从长远来看，农村绿色发展的缓慢集聚也将表现出一定的风险隐患，需要得到持续关注。

第三，从全国层面来看，农村绿色发展主要有两类地区，其中云南、广西、海南、内蒙古、河南、黑龙江、山东、安徽、四川、吉林、新疆、江苏、湖南、贵州和河北可以聚为第一类地区，属于农村绿色发展高水平地区；辽宁、湖北、浙江、福建、北京、天津、广东、重庆、青海、甘肃、宁夏、山西、陕西、上海和江西为第二类地区，属于农村绿色发展低水平地区。农村绿色发展存在显著的空间辐射作用，并且呈现出明显的高高聚集和低低聚集的现象。加入空间效应后，发现农村劳动力以及清洁能源使用力度的影响最大，以水土流失治理面积为代理指标的农村保护的影响系数最小，在驱动本地区农村绿色发展过程中，应当关注相邻地区劳动力和绿色技术的变动情况。

第四，农村绿色发展的驱动因子很多，既有内因，也有外因，需要从不同视角挖掘驱动农村绿色发展的敏感性因子。从内部驱动因素来看，绿色环境在驱动农村绿色发展过程中发挥着重要的作用，但实证结果表明绿色技术更适合作为驱动农村绿色发展的主要因子；从各维度来看，更适合通过促进农民增收的方式来驱动农村绿色基础发展，应当通过大力发展沼气工程项目来驱动农村绿色资源发展，通过提高森林病虫鼠害防治率的方式来驱动农村绿色环境发展，通过优化网络技术来驱动农村绿色技术发展。从外部驱动因素来看，相对其他指标而言，金融发展水平和科技实力在驱动农村绿色发展方面发挥了至关重要的作用。从区际驱动因素来看，相邻地区地理位置决定的空间邻接关系是地区间相互学习与借鉴的主要影响因素，也是驱动农村绿色发展的核心指标。

第五，金融发展广度对农村绿色发展的驱动力度较弱，相较而言，金融发展深度的驱动效应更明显，因而需要在普惠金融的基础上，进一步深入发展保险市场。从结构维度来看，金融发展深度主要通过提升农村绿色技术来驱动农村绿色发展，并且这种驱动效应在西部地区和农村绿色发展水平相对较低的地区更为明显；从影响过程来看，金融发展广度主要通过提升农业领域的涉农贷款额度来驱动农村绿色发展；金融发展深度能显著丰富市场层级，从而通过改变金融服务等级来驱动农村绿色发展；金融效率通过保障金融市场的安全稳健运行来进一步优化农村绿色发展。

第六，科技对农村绿色发展的驱动效应主要是通过科技发展广度、科技发展深度和科技发展效率来进行，但科技发展深度的驱动力量更大。在结构维度来看，科技发展深度主要通过夯实绿色基础来驱动农村绿色发展，并且这种驱动效应在西部地区和农村绿色发展相对较低水平的地区更为明显。科技发展驱动农村绿色发展存在一定的门槛条件，从估计结果来看，存在的两个门槛值分别为 0.100 2 和 0.210 3；检验结果发现，科技发展深度在低于 0.100 2 和高于 0.210 3 时，对农村绿色发展的驱动效应更明显，而处于两个门槛值之间时，科技发展深度的驱动效应显著降低，表明科研经费投入存在边际效应递减趋势，但更多的科研经费投入有助于突破技术瓶颈，因而科研经费投入的低水平和高水平阶段对农村绿色发展的驱动效应更明显。

参考文献

边恕，王智涵，2021. 人类绿色发展指数测度与分析：以辽宁省为例 [J]. 林业经济，43（9）：5-19.

曹桢，顾展豪，2019. 乡村振兴背景下农村生态宜居建设探讨：基于浙江的调查研究 [J]. 中国青年社会科学（4）：100-107.

常用佳，2022. 绿色金融支持农村经济高质量发展的机遇、挑战与现实路径 [J]. 农业经济（4）：107-109.

陈芳芳，2022. 推进农业绿色发展新路径探索 [J]. 农业经济（5）：17-19.

陈怀宇，张子源，王磊，等，2021. 社会资本类型取向、自然资源价值认知与农村环境共同治理：基于东北三省农民调研的实证研究 [J]. 干旱区资源与环境，35（10）：32-39.

陈美球，邓爱珍，林建平，2006. 我国社会主义新农村建设与农地整理 [J]. 江西农业大学学报（社会科学版）（1）：9-11.

陈美球，刘中婷，周丙娟，等，2006. 农村生存发展环境与农民耕地利用行为的实证分析：基于江西省21个村952户农民的调查 [J]. 中国农村经济（2）：49-54.

陈燕，2021. 农业农村现代化与乡村振兴：内在逻辑与机制建构 [J]. 学习与探索（10）：114-121.

陈燕，2021. 脱贫攻坚后时代：农业农村现代化及乡村振兴的新征程 [J]. 福建论坛（人文社会科学版）（3）：109-118.

陈银蓉，王晓妹，2020. 基于中介效应的农户分化对耕地保护行为的影响 [J]. 浙江农业学报，32（12）：2261-2270.

程莉，文传浩，2018. 乡村绿色发展的践行价值、实践导向与政策支撑 [J]. 理论界（10）：24-28.

程莉，左晓祺，2020. 中国省域乡村绿色发展的空间关联性与趋同性 [J]. 农业经济与管理（4）：77-89.

程钰，王晶晶，王亚平，等，2019. 中国绿色发展时空演变轨迹与影响机理研究 [J]. 地理研究，38（11）：2745-2765.

崔瑜，刘文新，蔡瑜，等，2021. 中国农村绿色化发展效率收敛了吗：基于1997—2017年的实证分析 [J]. 农业技术经济（2）：72-87.

戴晓鹏，黄天添，2019. 绿色农业发展的现实问题与对策 [J]. 创新科技，19（10）：70-79.

戴宴清，2012. 绿色经济发展背景下农业与农村金融服务体系建设研究 [J]. 农业经济（10）：120-122.

杜鹃，王乐宜，周皓媛，等，2021. 农业面源污染时空分布及污染源解析：以安徽怀远县为例 [J]. 中国农业大学学报，26（2）：139-149.

杜雯翠，张平淡，朱松，2016. 农业市场化、农业现代化与环节污染 [J]. 北京理工大学学报（社会科学版）（1）：1-9.

杜焱强，刘平养，吴娜伟，2018. 政府和社会资本合作会成为中国农村环境治理的新模式吗？：基于全国若干案例的现实检验 [J]. 中国农村经济（12）：67-82.

杜志雄，罗千峰，杨鑫，2021. 农业高质量发展的内涵特征、发展困境与实现路径：一个文献综述 [J]. 农业农村部管理干部学院学报（4）：14-25.

甘黎黎，吴仁平，2021. 我国农村环境污染防治政策演进 [J]. 江西社会科学（3）：210-219.

高强，曾恒源，2020. "十四五"时期农业农村现代化的战略重点

与政策取向 [J]. 中州学刊 (12)：1-8.

巩前文, 李学敏, 2020. 农业绿色发展指数构建与测度：2005—2018 [J]. 改革 (1)：133-145.

郭付友, 吕晓, 于伟, 等, 2020. 山东省绿色发展水平绩效评价与驱动机制：基于 17 地市面板数据 [J]. 地理科学, 40 (2)：200-210.

郭华, 岑霞, 罗彤, 等, 2021. 农村人口结构与金融资源配置的时空耦合水平测度及影响因素研究 [J]. 宏观经济研究 (6)：146-150.

郭永杰, 米文宝, 赵莹, 2015. 宁夏县域绿色发展水平空间分异及影响因素 [J]. 经济地理, 35 (3)：45-51, 8.

郭珍, 2021. 农村社区为主体的耕地资源可持续管理探索 [J]. 吉首大学学报 (社会科学版), 42 (5)：97-104.

韩磊, 2021. 基于灰色关联分析的绿色金融与农村发展的实证研究 [J]. 湖北农业科学, 60 (4)：174-178.

何爱平, 李雪娇, 邓金钱, 2018. 习近平新时代绿色发展的理论创新研究 [J]. 经济学家 (6)：5-12.

何可, 李凡略, 张俊飚, 等, 2021. 长江经济带农业绿色发展水平及区域差异分析 [J]. 华中农业大学学报, 40 (3)：43-51.

何寿奎, 2019. 农村生态环境补偿与绿色发展协同推进动力机制及政策研究 [J]. 现代经济探讨 (6)：106-113.

贺小丹, 董敏凯, 周亚虹, 2021. 乡村振兴背景下农民工回流与农村资源配置：基于农民工返乡后行为的微观分析 [J]. 财经研究, 47 (2)：19-33.

侯俊东, 吕军, 尹伟峰, 2012. 农户经营行为对农村生态环境影响研究 [J]. 中国人口·资源与环境 (3)：26-31.

胡鞍钢, 周绍杰, 2014. 绿色发展：功能界定、机制分析与发展战略 [J]. 中国人口·资源与环境, 24 (1)：14-20.

胡亮, 段雨, 2022. 环境生产力视角下的生态脆弱地区农村绿色发展逻辑：以四川省阿坝县神座村为例 [J]. 中南林业科技大学学报

（社会科学版）（3）：17-24.

胡钰，付饶，金书秦，2019. 脱贫攻坚与乡村振兴有机衔接中的生态环境关切 [J]. 改革，308（10）：141-148.

黄建欢，吕海龙，王良健，2014. 金融发展影响区域绿色发展的机理：基于生态效率和空间计量的研究 [J]. 地理研究，33（3）：532-545.

黄跃，李琳，2017. 中国城市群绿色发展水平综合测度与时空演化 [J]. 地理研究，36（7）：1309-1322.

黄振华，2020. 新时代农村人居环境治理：执行进展与绩效评价 [J]. 河南师范大学学报（哲学社会科学版），47（3）：54-62.

黄祖辉，2020. 农业农村优先发展的制度体系建构 [J]. 中国农村经济（6）：8-12.

蒋黎，王晓君，2019. 环境治理与农业经济增长的内在关系探讨：基于我国31个省区面板数据的 EKC 分析 [J]. 农业经济问题（12）：43-51.

解安，吴练达，2019. 农村土地股份合作制：释放土地红利：深化农村经济改革的下一个着力点 [J]. 江淮论坛（6）：68-74.

金赛美，2018. 中国农村绿色发展的空间相关性及影响因素研究 [J]. 商学研究，25（6）：44-52.

敬莉，冯彦，2021. 中南林业科技大学学报（社会科学版）（5）：31-38，52.

孔源，2016. 创新产业模式 服务农村绿色发展 [J]. 中国农村科技（10）：62-64.

黎新伍，徐书彬，2020. 基于新发展理念的农业高质量发展水平测度及其空间分布特征研究 [J]. 江西财经大学学报（6）：78-94.

李晨，缑荣，2022. 乡村振兴背景下农村绿色发展建设路径研究 [J]. 山西农经（9）：120-122.

李建琴，2006. 农村环境治理中的体制创新：以浙江省长兴县为例

［J］. 中国农村经济（9）：63-71.

李眉洁，王兴骥，2022. 乡村振兴背景下农旅融合发展模式及其路径优化：对农村产业融合发展的反思［J］. 贵州社会科学（3）：153-159.

李明贤，李琦斓，2022. 金融科技发展对农村商业银行效率的影响［J］. 湖南农业大学学报（社会科学版），23（3）：19-27.

李全鹏，温轩，2020. 农村生活垃圾问题的多重结构：基于环境社会学两大范式的解析［J］. 学习与探索（2）：36-42.

李晓西，刘一萌，宋涛，2014. 人类绿色发展指数的测算［J］. 中国社会科学（6）：69-95.

李秀彬，赵宇鸾，2011. 森林转型、农地边际化与生态恢复［J］. 中国人口·资源与环境，21（10）：91-95.

李雪娇，邓金钱，安梦天，2018. 中国农业污染的理论与实证分析：政治经济学视角下的经验证明［J］. 西部论坛，28（4）：95-105.

李雪娇，何爱平，2016. 城乡污染转移的利益悖论及对策研究［J］. 中国人口·资源与环境，26（08）：56-62.

梁晨，2021. 基于"三生"功能的我国农村人均环境质量与经济发展协调度评价与优化［J］. 中国农业资源与区划（10）：1-15.

廖柳文，高晓路，2018. 人口老龄化对乡村发展影响研究进展与展望［J］. 地理科学进展，37（5）：616-626.

林龙飞，李睿，陈传波，2020. 从污染"避难所"到绿色"主战场"：中国农村环境治理70年［J］. 干旱区资源与环境，34（7）：30-36.

刘华军，刘传明，孙亚男，2015. 中国能源消费的空间关联网络结构特征及其效应研究［J］. 中国工业经济（5）：83-95.

刘俊杰，李超伟，韩思敏，等，2020. 农村电商发展与农户数字信贷行为：来自江苏"淘宝村"的微观证据［J］. 中国农村经济（11）：97-112.

刘凯，任建兰，穆学英，等，2017. 中国低级以上城市绿色化水平测度与空间格局 [J]. 经济问题探索 (11)：77-83.

刘晓男，张二勋，冯若昂，2018. 山东省绿色发展水平测度及空间差异分析 [J]. 国土与自然资源研究 (1)：38-44.

刘玉邦，眭海霞，2020. 绿色发展视域下我国城乡生态融合共生研究 [J]. 农村经济 (8)：19-27.

罗静，郑晔，2015. 基于空间计量模型的农业要素投入的收益规模分析 [J]. 统计与决策 (22)：123-126.

马鹏超，朱玉春，2020. 河长制推行中农村水环境治理的公众参与模式研究 [J]. 华中农业大学学报（社会科学版）(4)：29-36，175.

马晓东，胡颖，黄彪，2022. 江苏省乡村绿色发展的时空特征及影响因素 [J]. 经济地理，42 (4)：159-167.

马晓东，祁永宁，2022. 三江源地区生态保护及其可持续发展路径研究：以班玛县为例 [J]. 山东农业工程学院学报，39 (3)：13-17.

盂凡钊，董彦佼，2022. 乡村振兴背景下农村产业融合的现实意义和实现机制 [J]. 农业经济 (6)：12-14.

欧阳胜银，许涤龙，2018. 多维视角下金融状况指数的构建与比较研究 [J]. 当代财经 (12)：48-59.

齐琦，周静，王绪龙，等，2021. 基层组织嵌入农村人居环境治理：理论契合、路径选择与改革方向 [J]. 中国农业大学学报（社会科学版），38 (2)：128-136.

祁凡骅，2021. 基于间断：均衡理论的农村环境治理困境探究 [J]. 社会科学家 (5)：8-13.

乔瑞，董锋，安泰龙，2021. 黄河流域绿色发展水平评价及障碍因素分析 [J]. 统计与决策 (23)：72-76.

邱海洋，2018. 共享经济发展对区域生态效率影响的空间计量分析 [J]. 现代经济探讨 (7)：10-17.

邵帅，李宝礼，2021. 农村劳动力转移如何影响农村环境污染?：

基于空间面板模型的实证考察［J］.中国地质大学学报（社会科学版），20（1）：39-55.

苏淑仪，周玉玺，蔡威熙，2020.农村生活污水治理中农户参与意愿及其影响因素分析［J］.基于山东16地市的调研数据［J］.干旱区资源与环境，34（10）：71-77.

苏淑仪，周玉玺，蔡威熙，2021.农村生活污水与小流域水环境协同治理的规则型构：基于临沂"兰山模式"的实践样本［J］.中国环境管理（1）：80-87.

孙群力，李永海，2016.我国地区财政幻觉指数及影响因素研究：基于MIMIC模型方法［J］.财政研究（10）：36-48.

孙炜琳，王瑞波，姜茜，等，2019.农业绿色发展的内涵与评价研究［J］.中国农业资源与区划，40（4）：14-21.

唐林，罗小锋，张俊彪，2021.环境政策与农户环境行为：行政约束拟或是经济激励：基于鄂、赣、浙三省农户调研数据的考察［J］.中国人口·资源与环境，31（6）：147-157.

唐林，罗小锋，张俊飚，2020.环境规制如何影响农户村域环境治理参与意愿［J］.华中科技大学学报，34（2）：64-74.

唐忠，陈卫平，2019.深化农村改革，推动乡村振兴：首都农经理论界纪念农村改革40周年学术研讨会综述［J］.中国农村经济（2）：137-144.

田时中，周晓星，2020.长江经济带绿色化测度及其技术驱动效应检验［J］.统计与信息论坛，35（12）：39-49.

汪红梅，惠涛，2019.环境治理模式、社会资本与农户行为响应差异［J］.江汉论坛（12）：13-20.

王建华，沈旻旻，朱淀，2020.环境综合治理背景下农村居民亲环境行为研究［J］.中国人口·资源与环境，30（7）：128-139.

王金，孙迎联，2021.新中国成立以来我国农村反贫困行动的回顾、反思与前瞻：基于制度、矛盾、实践三重向度的整体性思考［J］.

经济学家 (8): 99-108.

王瑾瑾, 2016. 中国农村绿色发展绩效评估与隐性因素研究 [D]. 长沙: 湖南大学.

王微, 刘世华, 2020. 农村人居环境协作治理的实践路径: 以浙江 "千村示范、万村整治" 经验为例 [J]. 广西社会科学 (6): 52-56.

王卫东, 白云丽, 罗仁福, 等, 2020. 人力资本、政治资源与农村劳动力非农就业 [J]. 劳动经济研究, 8 (1): 26-43.

王西玉, 崔传义, 赵阳, 2003. 打工与回乡: 就业转变和农村发展: 关于部分进城民工回乡创业的研究 [J]. 管理世界 (7): 99-109, 155.

王晓东, 李繁荣, 2019. 农村劳动力流动正向驱动乡村绿色发展研究: 基于新中国成立 70 年历史的分析 [J]. 经济问题 (12): 104-113.

王允华, 杨兴东, 2018. 绿色发展视野下农村环境治理法律规制研究 [J]. 农业经济 (12): 38-40.

魏和清, 李颖, 2018. 我国绿色发展指数的空间分布及地区差异探析: 基于探索性空间数据分析法 [J]. 当代财经 (10): 3-13.

魏后凯, 刘长全, 2019. 中国农村改革的基本脉络、经验与展望 [J]. 经济研究参考 (8): 101-115.

魏琦, 张斌, 金书秦, 2018. 中国农业绿色发展指数构建及区域比较研究 [J]. 农业经济问题 (11): 11-20.

吴婷, 2021. 我国农村生态文明建设存在的问题及对策研究: 评《农业绿色发展与生态文明建设》[J]. 生态经济, 37 (4): 230-231.

吴旭晓, 2017. 河南绿色发展水平测度及提升对策 [J]. 区域经济评论 (4): 132-139.

谢里, 王瑾瑾, 2016. 中国农村绿色发展绩效的空间差异 [J]. 中国人口·资源与环境, 26 (6): 20-26.

徐蔼婷, 李金昌, 2007. 中国未被观测经济规模: 基于 MIMIC 模型和经济普查数据的新发现 [J]. 统计研究, 24 (9): 30-36.

许佳彬, 王洋, 李翠霞, 2021. 环境规制政策情境下农户认知对农业绿色生产意愿的影响: 来自黑龙江省 698 个种植户数据的验证 [J]. 中国农业大学学报, 26 (2): 164-176.

许煊, 宋微, 2021. 乡村振兴视域下农业绿色发展评价研究 [J]. 学习与探索 (3): 130-136.

杨明洪, 刘昕禹, 吴晓婷, 2022. 财政支农支出对农村绿色发展的时空效应研究 [J]. 财政科学 (2): 85-99.

杨肃昌, 范国华, 2018. 农户兼业化对农村生态环境影响的效应分析 [J]. 华南农业大学学报 (社会科学版), 17 (6): 52-63.

杨肃昌, 范国华, 2021. 农业要素市场化对农村生态环境治理的影响效应 [J]. 华南农业大学学报 (社会科学版), 20 (4): 12-23.

于法稳, 2018. 新时代农业绿色发展动因、核心及对策研究 [J]. 中国农村经济 (5): 19-34.

余威震, 罗小锋, 薛龙飞, 等, 2018. 中国农村绿色发展水平的时空差异及驱动因素分析 [J]. 中国农业大学学报, 23 (9): 186-195.

郁建兴, 高翔, 2009. 农业农村发展中的政府与市场、社会: 一个分析框架 [J]. 中国社会科学 (6): 89-103+206, 207.

袁久和, 2019. 我国农村绿色发展水平与影响因素的实证分析 [J]. 山西农业大学学报 (社会科学版), 18 (6): 46-53.

袁晓玲, 吕文凯, 李政大, 2018. 中国区域发展非平衡格局的形成机制与实证检验: 基于绿色发展视角 [J]. 河南师范大学学报 (哲学社会科学版), 45 (5): 27-32.

运迪, 2020. 新时代农村生态环境治理的多样化探索、比较与思考: 以上海郊区、云南大理和福建龙岩的治理实践为例 [J]. 同济大学学报 (社会科学版), 31 (2): 116-124.

张海, 吴永涛, 马磊, 等, 2020. 农村环境绩效评估指标体系研究 [J]. 环境保护 (8): 56-60.

中国农村绿色发展的多维测度与长效驱动研究

张红显, 2020. 绿色发展观指引下生态旅游资源循环与保护的法律问题 [J]. 社会科学家 (12): 43-48.

张红宇, 陈良飚, 胡振通, 2019. 构建农业农村优先发展体制机制和政策体系 [J]. 中国农村经济 (12): 16-28.

张欢, 罗畅, 成金华, 等, 2016. 湖北省绿色发展水平测度及其空间关系 [J]. 经济地理, 36 (9): 158-165.

张建杰, 崔石磊, 马林, 等, 2020. 中国农业绿色发展指标体系的构建与例证 [J]. 中国生态农业学报 (中英文), 28 (8): 1113-1126.

张舰, 艾宾斯坦, 麦克米伦, 等, 2017. 农村劳动力转移、化肥过度使用与环境污染 [J]. 经济社会体制比较 (3): 149-160.

张苏强, 2019. 乡村振兴, 生态治理是关键 [J]. 人民论坛 (19): 60-61.

张童朝, 颜廷武, 张俊飚, 2020. 德政何以善治: 村域干群关系如何影响农民参与农业废弃物资源化?: 来自四省1 372份农户数据的验证 [J]. 南京农业大学学报 (社会科学版), 20 (1): 150-160.

张雪花, 王小双, 陶贻侠, 2013. 人类绿色发展指数的构建与测度方法研究 [J]. 中国人口·资源与环境, 23: 304-307.

张正平, 刘云华, 2022. 数字金融发展对农村商业银行运营效率的影响: 基于2014—2018年非平衡面板数据的实证研究 [J]. 农业技术经济 (4): 67-81.

赵会杰, 2019. 基于熵值法的粮食主产区农业绿色发展水平评价 [J]. 改革 (11): 136-146.

赵慧娥, 贺壮, 陶思源, 2022. 辽宁农村发展绿色金融存在的问题及对策: 以乡村振兴战略为视角 [J]. 沈阳师范大学学报 (社会科学版), 46 (3): 30-36.

赵领娣, 等, 2016. 人力资本、产业结构调整与绿色发展效率的作用机制 [J]. 中国人口·资源与环境, 26 (11): 106-114.

郑华伟, 胡锋, 2018. 基于农户满意度的农村环境整治绩效分析:

以江苏省为例［J］. 南京工业大学学报（社会科学版）（5）：79-86.

周桔, 2021. 基于乡村振兴的农村经济跨区域发展价值内涵与策略［J］. 农业经济（10）：35-37.

周亮, 车磊, 周成虎, 2019. 中国城市绿色发展效率时空演变特征及影响因素［J］. 地理学报, 74（10）：2027-2044.

朱建华, 李荣强, 2021. 乡村振兴背景下农村金融影响西部地区绿色发展的机制分析：以贵州省为例［J］. 江苏农业科学, 49（15）：1-7.

朱建华, 李荣强, 2021. 新型城镇化建设对农民财产性收入增长的影响效应研究［J］. 贵州商学院学报, 34（3）：59-65.

BARBIER E B, 2010. A global green new deal：rethinking the economic recovery［M］. London：Cambridge University Press.

BOHR J, 2014. Barriers to environmental sacrifice：the interaction of free rider fears with education, income, and ideology［J］. Sociological Spectrum, 34（4）：362-379.

CAMILO V S, ALI E H, 2018. Customers' perceptions and expectations of environmentally sustainable restaurant and the development of green index：the case of the Gold Coast, Australia［J］. Sustainable Production and Consumption, 15（7）：16-24.

CHARDINE-BAUMANN E, BOTTA-GENOULAZ V, 2014. A framework for sustainable performance assessment of supply chain management practices［J］. Computers & Industrial Engineering, 76：138-147.

COLLINS A, COOPER C, 2017. Measuring and managing the environmental impact of festivals：the contribution of the ecological footprint［J］. Journal of Sustainable Tourism, 25（1）：148-162.

ELFRIEDE PENZ, PIA POLSA, 2018. How do companies reduce their carbon footprint and how do they communicate these measures to stakeholders? ［J］. Journal of Cleaner Production, (195)：1125-1138.

FENG C, WANG M, LIU G C, et al., 2017. Green development performance and its influencing factors: a global perspective [J]. Journal of Cleaner Production, 144 (FEB. 15): 323-333.

GILES, JOHN, KYEONGWON Y, 2007. Precautionary behavior, migrant networks and household consumption decisions: an empirical analysis using household panel data from rural China [J]. The Review of Economics and Statistics, 89 (3): 534 -551.

HAMILTON J, 1989. A new approach to the economic analysis of nonstationary times series and the business cycle [J]. Econometrica, 57 (2): 357-384.

HARGROVES K C, SMITH M H, eds, 2005. The natural advantage of nations: business opportunities, innovations and governance in the 21st century [M]. London: Earthsca/James & James.

HASAN RÜSTEMO LU, 2019. Factors affecting Germany's green development over 1990-2015: a comprehensive environmental analysis [J]. Environmental Science and Pollution Research (9): 1-16.

HING K C, HONG H, WILLIAM Y C W, 2012. Green marketing and its impact on supply chain management in industrial markets [J]. Industrial Marketing Management, 41 (4): 557-562.

HUANG J H, YANG X G, CHENG G, et al., 2014. A comprehensive eco-efficiency model and dynamics of regional eco-efficiency in China [J]. Journal of Cleaner Production, 67 (3): 229-238.

HURST M, DITTMAR H, BOND R, et al., 2013. The relationship between materialistic values and environmental attitudes and behaviors: a meta analysis [J]. Journal of Environmental Psychology, 36: 257.

KOOHAFKAN P, ALTIERI M A, GIMENEZ E H, 2012. Green agriculture: foundations for biodiverse, resilient and productive agricultural systems [J]. International Journal of Agricultural Sustainability, 10 (1): 61-75.

KORTELAINEN M, 2008. Dynamic environmental performance analysis: a malmquist index approach [J]. Ecological Economics, 64 (4): 701-715.

LAVRINENKO P A, 2013. Analysis of the investment attractiveness of projects in the field of environment protection [J]. Studies on Russian Economic Development (5): 495-499.

LI BIN, WU SHUSHENG, 2016. Effects of local and civil environmental regulation on green total factor productivity in China: a spatial Durbin econometric analysis [J]. Journal of Cleaner Production, 153: 342-353.

LILI CHEN, et al., 2019. Regional green development level and its spatial relationship under the constraints of haze in China [J]. Journal of Cleaner Production, 210, (2) 376-387.

LIMON S, 2012. Green Growth Unraveled: how rebound effects Baffle sustainability target's when the economy keeps growing, Berlin: Heinrich boll foundation and Wuppertal institute for climate [J]. Environment and Energy (23): 15-23.

LIN BOQIANG, YANG LISHA, 2014. Efficiency effect of changing investment structure on China's power industry [J]. Renewable & Sustainable Energy Reviews, 39: 403-411.

LIU X, LEI D, MOC J, et al., 2010. Nitrogen deposition and its ecological impact in China: an overview [J]. Environmental Pollution (30): 1-14.

LOU H Z, YANG S T, ZHAO C S, et al., 2016. Detecting and analyzing soil phosphorus associated with critical source areas using a remote sensing approach [J]. Science of the Total Environment (573): 397-408.

LUUKKANEN, et al., 2019. Green economic development in Lao PDR: a sustainability window analysis of Green Growth Productivity and the Efficiency Gap [J]. Journal of Cleaner Production, 211 (2): 818-829.

MAIKE S, AXEL M, 2013. Financing a green urban economy: the potential of the clean development mechanism (CDM) [J]. The Economy of Green Cities, 3 (9): 363-368.

MANCINI M S, GALLI A, NICCOLUCCI V, et al., 2017. Stocks and flows of natural capital: implications for ecological footprint [J]. Ecological Indicators (77): 123-128.

MEYER B, MEYER M, DISTELKAMP M, 2012. Modeling green growth and resource efficiency: new results [J]. Miner Econ (24): 145-154.

OISHI S, KESEBIR S, DIENER D, 2011. Income inequality and happiness [J]. Psychological Science, 22 (9): 1095-1100.

PEIZHEN JIN, CHONG PENGC, MALIN SONGD, 2019. Macroeconomic uncertainty, high-level innovation, and urban green development performance in China [J]. China Economic Review (55): 1-18.

RICK V D P, CEES W, 2013. Green growth, green paradox and the global economic crisis [J]. Environment Innovation and Societal Transitions (6): 116-119.

SCANNELL L, GIFFORD R, 2010. The relations between natural and civic place attachment and pro-environmental behavior [J]. Journal of Environmental Psychology, 30 (3): 289-297.

SCHULTZ P W, SHRIVER C, TABANICO J J, et al., 2004. Implicit connections with nature [J]. Journal of environmental psychology, 24 (1): 31-42.

SERKAN G, 2009. Economic growth, industrial pollution and human development in the Mediterranean Region [J]. Ecological Economics, 68 (8-9): 2327-2335.

SHUAI SHAO, RANRAN LUAN, ZHENBING YANG, et al., 2016. Does directed technological change get greener: empirical evidence from Shanghai's industrial green development transformation [J]. Ecological

中国农村绿色发展的多维测度与长效驱动研究

Indicators（69）：758-770.

SONG MALIN, DU JUNTAO, TAN KIMHUA, 2018. Impact of fiscal decentralization on green total factor productivity ［J］. International Journal of Production Economics, 205：359-367.

TAHER N, HAJ JAR B, 2014. Energy and environment in Saudi Arabia：concerns & opportunities ［M］. New York：Springer International Publishing.

TILT B, 2013. Industrial pollution and environmental health in rural China：risk, uncertainty and individualization ［J］. China Quarterly（6）：283-301.

TONE K, 2001. A slacks-based measure of efficiency in data envelopment analysis ［J］. European Journal of Operational Research, 130（3）：498-509.

WANG M, WEBBER M, FINALAYSON B, et al, 2008. Rural industries and water pollution in China ［J］. Journal of Environment Management, 86（4）：648-659.

WANG Q R, LIU R M, MEN C et al., 2018. Application of genetic algorithm to land use optimization for non-point source pollution control based on CLUE-S and SWAT ［J］. Journal of Hydrology（560）：86-96.

WANG X, SHAO S, LI L, 2019. Agricultural inputs, urbanization and urban-rural income disparity：evidence from China ［J］. China Economic Review, 55（C）：67-84.

WELLS V K, PONTING C A, PEATTLE K, 2010. Behaviour and climate change：consumer perceptions of responsibility ［J］. Journal of Marketing Management, 27（7）：808-833.

YEKEEN S S, 2008. Application of human development index to measurement of deprivations among urban households in Minna Nigeria ［J］. Habitat International, 32（3）：384-398.

YEUNG Y, LEE J, KEE G, 2009. China's special economic zones at 30 [J]. Eurasian Geography and Economics, 50 (2): 222-240.

YU X H, ZHAO G Q, 2009. Chinese agricultural development in 30 Years: a literature review [J]. Frontiers of Economics in China, 4 (4): 633-648.

ZHANG J X, CHANG Y, ZHANG L X, et al., 2018. Do technological innovations promote urban green development? Aspatial econometric analysis of 105 cities in China [J]. Journal of Cleaner Production, (182): 395-403.

ZHAO X, LIU C, YANG M, 2018. The effects of environmental regulation on China's total factor productivity: an empirical study of carbon-intensive industries [J]. Journal of Cleaner Production, (179): 325-334.

后 记

　　本书是国家社科基金项目"中国农村绿色发展的多维测度与长效驱动研究"（项目编号为：19BTJ061）的主要研究成果。在项目研究中，我们全面探讨了中国农村绿色发展的经济、社会和环境方面的问题，深入分析了中国农村绿色发展的长效驱动因素，旨在为中国农村绿色发展提供有益的参考。

　　研究结论表明，我国农村绿色发展整体水平在不断提升，并具有显著的时序波动性和空间辐射性；农村绿色发展的驱动因子很多，需要从不同视角挖掘分析，特别是农村金融发展深度和科技进步对农村绿色发展的驱动效应更为明显。

　　同时我们在进一步完善基础数据、优化农村绿色发展模式、探索制定结构性驱动策略、持续完善农村金融体系、深入发展农村科技体系、积极借鉴国外良好模式等方面提出了若干政策建议，以期促进中国农村绿色发展。我们相信，这些建议将有助于维护中国农村绿色发展的长期稳定和可持续性。

　　本书的出版，我们要感谢国家社科基金对本项目的资助和大力支持。本书的完成要特别感谢敬爱的肖红叶老师、邱东老师、许鹏老师和罗良清老师，我们的成绩离不开他们一直以来的指导、帮助和鼓励。

　　我们还要感谢广州大学的李正辉教授、湖南信息学院的朱海玲教授，以及包括湖南大学陈黎明教授在内的课题组全体成员。同时，也要感谢我们的家人以及支持我们工作的所有同事、朋友等，他们的关心、支持和贡献，是本书成功的关键。谢谢！

周纳　欧阳胜银

2023 年 5 月